キャリアを活かす！

「地域一番コンサルタント」の成長戦略

中小企業診断士
水沼啓幸

同文舘出版

はじめに

「地方創生」のかけ声のもと、地域活性化の取り組みが全国で行なわれています。しかし、行政主導の企画会社に丸投げのイベント、補助金頼みで甘えの見られる事業、一時的なカンフル剤的な事業に依存してしまい、本質的な創生や地域の自立が見えてこないことは、どの地域にも共通しているのではないでしょうか。

そんな中、前作『売上1000万円を稼ぐ!「地域一番コンサルタント」になる方法』を上梓させていただき、多くの感想やメッセージをいただきました。

「地方のリアルな取り組みがとてもためになりました。私は○○県に住んでいますが、地域密着でコンサル業を始めたいと思っておりますので、いろいろと参考にさせていただこうと思います」

「私は○月に社会保険労務士として開業予定です。人事労務コンサルを行ないたいと思っておりますが、コンサルティングは未経験なので、地方でコンサルタントになるための書籍を探していたところ、本書を見つけました。やってみようと思う営業方法もあり、とても参考になりました」

メッセージをいただいた方お一人おひとりの地域に対する思い、お客様である企業経営者への思いには、私自身が勇気づけられたと共に、地域はこれからこのような人材が中心になってよりよくなっていくのだと確信し、同志を得た気持ちになりました。

日本の多くの地域では、人口減少、格差の拡大、さまざまな分野において事業承継問題など多くの課題が山積しています。そして、その課題に対し、解決策が打てない状況です。最近では、「東京においても地域密着モデルが通用しないか」と考え、東京の拠点も設けて同志と共に活動しています。毎週のように仕事で出向きますが、地域に住んで、地域で活動していると、その考えの広がりをいっそう強く感じると同時に、別の国に来たかのように感じます。

かつては東京で流行したビジネスが徐々に地方に広がっていくのが普通でした。しかし今は、人口、教育、仕事、経済等さまざまな面で格差が広がっています。企業経営においても、スピードやＩＴ活用などで格差が広がりつつあります。

このままいくと、地域は近い将来、今の生活や仕組み自体が確実に成り立たなくなるでしょう。私はこれまで地域で活動して、さまざまな視点から地域を見てきました。ある時は行政サイドから、ある時は企業側から、ある時は大学側からなど立場を変えて人と接してきました。皆が何とかしようと努力しては、できない現実にさらに危機感を募らせていっています。

そのような状況下で、次の地域の担い手として期待できる唯一の組織体が、日本の99・7%を占める中小企業だと思っています。国の施策では、これまで中小企業は弱い存在として位置づけられてきましたが、今や先進的な取り組みをしている中小企業は大企業よりも先を行っています。特に、代替わりした後継経営者が率いる企業はパワフルで事業意欲も高く、雇用創出の苗床になっています。

ただ、その中小企業も代表者の年齢は平均60歳と高齢化し、活力が失われてきています。そして、地域の中小企業の抱える課題は年々複雑さを増しています。その課題を解決するための人材が地域には必要とされています。

そして、その人材となりうる一人が、地域をよく知る「地域コンサルタント」なのです。我々地域コンサルタントは、地域企業の困った時の駆け込み寺として、経営者と共に笑い、共に泣くことのできる存在です。そのため、地域コンサルタントのイメージは、これまでのコンサルタント像とは大きく違っているかもしれません。知識やノウハウを教えるというよりは、経営者と一緒になって悩み、苦しみ、最適解を見出すという活動の連続です。お金も人も潤沢でない中で経営している経営者に、実現可能なアドバイスをするという一見不可能に近いような取り組みをしていくことになります。

しかし、「ありがとう、水沼さんのおかげでうまくいきました」「将来、サクシードの宣伝になれるように、必ず事業を成長させます」と言って、前を向いて経営に励んでいただけるお客様との出会いはお金には代えがたい価値です。

最近は、大手企業に勤務するコンサルタント志望の方から質問や相談が寄せられるようになってきました。

「○○社を退社して、東京でコンサルティング会社に転職するところなのですが、最終的には、地方で中小企業の支援ができるコンサルティング会社で働きたいと考えております。東京で働く間に、御社で働ける能力を身につけたいと思います。求めているコンサルタント像を教えていただけないでしょうか？」

それに対して私はこうお答えしました。

「求めているコンサルタント像とは、中小企業と喜びも、悲しみも、苦しみも共有できる方です。我が社のスタッフも皆、そのような心がけで日々業務に取り組んでくれています。ノウハウやスキルは皆入ってから身につけています。

私自身、コンサルタント素人だったことが、何よりうまくいった要因だったと思っています。中小企業と大企業では、経営のあり方・やり方が全く違います。中小企業を支援したいのであれば、中小企業を知ることからすべてが始まると思います。少しでも多くの中小企業を見る習慣を心がけていただければ、必ず地域に必要とされる人材になれるでしょう」

私が見出した、地域コンサルタントとしての一つの結論です。大企業と中小企業は、同じ処方箋では対処不可能だということです。

しかし、多くのコンサルタントや経営学者は、大企業から生まれた理論をさも当然のように中小企業に押しつけてきます。ここに、中小企業支援が往々にしてうまくいかない原因の一端があります。地域には地域の、中小企業には中小企業のやり方があるのです。

我が社は現在、コンサルタント職、アシスタント職合わせて13名で運営しています。前職がコンサルタントであった者は、私を含め一人もいません。しかし、地域内外含め、現在約100社のお客様から定常的にさまざまなご依頼をいただいています。どのスタッフも特定の分野で高いポテンシャルを持ち、何よりもモチベーションが高い者ばかりです。私自身、コンサルタントとしてだけではなく経営者としていられるのは、彼ら彼女らが日々自己研鑽に励み、お客様に成果を提供し続けてくれているからです。

課題が山積する地域において、コンサルタントのニーズはますます増えていくでしょう。その中で、「真に地域に必要とされる人材」こそ、地域コンサルタントだと私は思っています。

現在、我が社はこの「地域コンサルタント」という価値ある業務をより広く、より多くの会社に提供できるように事業化する取り組みを行ない、一定の成果を上げつつあります。本書では、我が社がこれまで実践してきた取り組みを述べていきます。

誰しも、自分が生まれた地域、住んでいる地域から必要とされれば、自然と活力も生まれてきます。自分が愛する地域の役に立つことが、これからの時代にどれほど価値を持つのか、地域コンサルタントの一人としてお伝えしていきたいと思います。

株式会社サクシード代表取締役　水沼啓幸

『キャリアを活かす！「地域一番コンサルタント」の成長戦略』 目次

はじめに

1章 コンサルタントこそ、地域に必要な人材

1 「地域でコンサルタントは成り立たない」は本当か？——16
2 地域ではコンサルニーズが急増している——19
3 スタートアップは地域密着がベスト——22
4 地域でキャリアを活かしていく——25
5 ニーズが増え続けている6つの分野——28

2章 地域コンサルタントに必須な5つのポイント

1 なぜ、地域一番を目指すのか？――34
2 地域では業種ではなく分野で広げろ――39
3 年収や売上より重要なものは○○――45
4 素人コンサルタントだからできること――48
5 地域の経営人材としての役割――54

3章 自分の経営計画をつくる

1 起業前にやるべきこと――58
2 自分を客観視する――64
3 経営計画を50人に提案する――68
4 1年で軌道に乗せるスタートダッシュ法――71
5 コンサルティングを事業化していく――75

4章 発展的な地域人脈をつくる

1 誰にも負けない武器の作り方――80
2 信頼をベースにした人間関係づくり――84

3 地域で成果を習慣化する――89
4 自社主催の無料勉強会を持つ――99

5章 地域に合ったサービスをつくる

1 会社別の状況に合わせたセミカスタマイズ――104
2 創造的コンサルティング業務を目指す――110
3 BtoBを起点にサービスを構築する――115
4 地域コンサルティングの2割は地域貢献業――119
5 ハイブリット型で常に必要とされるサービスを提供する――122
6 絶妙な価格の設定方法――126

6章

お客様がお客様を連れてくる仕組みをつくる

1　新規客より既存客重視――132
2　顧客化に至るプロセス管理――137
3　人脈リストからお客様リストを作成する――140
4　地域マーケティングは「４Ｐ＋２Ｔ×ＳＮＳ」――147

7章

地域で仲間と共に成長する

1 地域コンサルタントの成長発展ステップ――154
2 社員の成長が会社の成長になる――158
3 チームで上げるコンサルティングの質――168

8章

地域コンサルティング業の発展構想

1 日本一の経営人材輩出機関を栃木に――178

2 地域に必要とされる事業構想――181
3 地域に求められる感動商品・サービスづくり――187
4 新しい価値を生む地域コンサルネットワーク――192

9章 地域のお客様と未来を創造する6事例

1 株式会社 火の魂カンパニー
~ちょっと変わった地域密着ラーメンチェーン~――200
2 有限会社 存じやす
~伝統と革新の老舗レストランの挑戦~――205
3 株式会社 日商
~パート社員から代表者に~――211

4 ミンナのミカタぐるーぷ
〜障害者雇用という言葉をこの世からなくす〜 217
5 株式会社 八下田陸運
〜6年越しの目標達成〜 224
6 株式会社 仲山商事
〜益子から世界にありがとうを届ける〜 229
おわりに

カバー・本文デザイン 藤塚尚子（etokumi）
DTP 川野有佐

1章

コンサルタントこそ、地域に必要な人材

01 「地域ではコンサルタントは成り立たない」は本当か？

「地方でよくやれていますね」

東京や大都市圏で名刺交換した際に、同業者の方や士業の方からこう言われ続けて10年目を迎えます。

コンサルタントといえば、東京を中心にした大都市圏でしか成り立たないと思われているのが現状です。そんな中、起業して9年で社員が13名いる当社は特異に見えるらしく、最近は会計事務所、コンサルタント、銀行員、士業といった方から「訪問していいですか」「一度会ってもらえませんか」と視察の依頼や問い合わせをいただきます。

しかし、もともとコンサルタント素人の私が根拠のない自信をもとに起業したので、何か特別なノウハウやスキルがあったわけではありません。無手勝流、試行錯誤の連続で、お客様と共に日々成長を目指し、奮闘してきました。その中で培ってきたことが、「地域一番コンサルタント」という地域密着で、お客様に寄り添うように支援を続けるスタイルになってきたのが実情です。私がコンサルティングファーム出身者だったり、身の回りにそのような方が数多くいたら、今のようなスタイルにはなっていなかったでしょう。

ただ、はっきりと言えるのは「**地域でコンサルタントは成り立つ**」ということです。むしろ、必要とされています。

さらに言うなら、スタッフを雇用して組織として運営することもできます。地域ではコンサルティング会社で働きたくても受け皿がないため、モチベーションの高い優秀な人材が集まってきます。結果、入社してからも皆、お客様からの評判がよいのです。

しかし、一言でコンサルタントと言っても、求められるニーズは大きく変わってきています。現在は、一緒に成長できる、何でも相談しやすい、すぐに訪問してくれるなど、社外にいる社員のようなアドバイザーが望まれているのです。

地域コンサルタントを明確に定義するならば、「ある特定の地域を知り尽くし、その地域の企業に必要とされ、自分のそれまでのキャリアを活かして、専門的かつ複合的な課題に対して解決策を提示し、共に隣に寄り添うように解決までをサポートすることのできる人材」でしょうか。

よく「食べていけるだけ稼げるのですか？」と質問を受けることがありますが、「食べていくことは重要ですが、自分が食べていけるくらい稼げないコンサルタントに仕事を依頼する人はいないですよ」と答えるようにしています。

ただ一つ言えることは、お金を儲けたいとか、かっこよくコンサル業を行ないたいという方は向かないということです。

自分のこれまでのスキルを活かして、人のお役に立ち、生活していければこんな充実した毎日はないと思います。そういう意味でも、地域密着で活動する強みはたくさんあります。

02 地域ではコンサルニーズが急増している

多くの地域では、東京や大都市に本社を置く大企業の支社や工場が多くの雇用を生み出していています。あるいは、公共事業で地域の建設事業者を通じてお金が回る経済構造になっていました。

これまで、地域の中小企業はそうした恩恵に浴してきました。そのため、企画、研究、開発といった機能を持たない企業が多いのも特徴です。地域の多くの中小企業は下請け的な立ち位置でこれまでやってきてしまったのです。

しかし、製造業の生産拠点の移転や建設業における公共事業の削減により、これまでの経済モデルが成り立たなくなっています。これからは地域企業やそこで働く人一人ひとりも、自分達の考えやアイデアで新しい価値を創造していかないとなりません。**企業や働く一人ひとりが変わっていかないと、地域は成り立たなくなる時代に突入している**

のです。

こうした状況にもかかわらず、地域企業は本質的な変化を先送りして、徐々に徐々に時間をかけて衰退しています。そんな状況の地方を創生するために、ここ数年間、異次元の支援施策が取られてきました。しかし、その多くは補助金頼みの事業のため、事業期間が終了すると事業も終わってしまうような、継続性に乏しいものばかりです。

また、悪影響として、地域から自分の身銭で事業をやるという自己責任感覚が失われてしまいつつあるようにも思います。本来ならば、地域は民間企業の力で、新しい時代に向けて立ち上がらなければならないところですが、それができない状況になってしまっています。

もはやこの状況を続けることは、財政的にも限界がやってきます。このままでは、我々の子や孫の代に大きなツケを払わせることになっていくでしょう。

必要なのは自分でお金を回せる仕組み

一番の課題は、地域でお金が回らなくなっている点です。工場出荷額等は順調に見えても、大手企業の出荷額がほとんどであり、中小企業の比率は年々下がり続けています。

私が活動する北関東エリアにおいては、首都圏が近く工場立地に優位性があるため、数値では衰退しているようには見えていませんが、東北、北陸、山陰地方などでは、その影響が大きく出ているように思います。

この状況を打破するためにも、**地域でお金を回す新たな産業の創出が求められています**。そして、その一端を我々地域コンサルタントが担うのです。

我が社においても、依頼の多くが新規事業の立ち上げサポートです。事業意欲旺盛な企業を増やすことが、何よりも地域活性化につながります。

こうした局面で必要とされているのは、これまでのような知識やノウハウを提供するようなコンサルタントではありません。地域のステークホルダーに寄り添って、丁寧に課題を解決していく側面支援型のコンサルタントが求められているのです。

03 スタートアップは地域密着がベスト

コンサルタントとして独立して活動するのは、自分が生まれた地域、転勤で住んだことがある地域、奥さんの実家がある地域など地縁・血縁があるエリアをお勧めしています。大都市や全国区となると、コンサルティングファームやベテランのコンサルタントと競合することになります。最初は経験が少ないというハンデもあるため、自分にゆかりのある地域を選んで独立したほうが、早い段階で軌道に乗る可能性が高いのは当然と言えます。

独立・起業する際に最も気になることはやはり、どう仕事を獲得するかだと思います。素晴らしい学歴やキャリアを持つ方でも、コンサルタントとしてうまくいくかどうかは未知数です。

特に地域での起業は、それまでの経験や実績はあまり役には立ちません。うまくいかない方の中には、「コンサルタントはこうあるべきだ」と、自分のスタンスに固執しすぎているケースも少なくないように思います。
地域で何より大切なものは、**信頼をベースにした関係性づくり**です。地域の特性をよく理解し、地域密着の利点を活かして独立することが成功への近道となると思います。

大都市でも地域密着が可能

2015年に前著を出版した際には、読者の方から、たくさんのメールやメッセージをいただきました。その中でも、大阪で独立した三好友昭さんの事例はとても参考になります。

三好さんは会計事務所に勤務後、地元大阪で独立しました。大阪府内に地域を限定させて大都市で地域密着をうたって活動しています。独立して3年が経過しましたが、会計事務所勤務時代からコンサルタント志向であったこともあり、新たなコンサルティングサービスを構築し、顧客に寄り添うコンサルティングで順調にお客様を増やしています。

大都市圏でも地域密着は可能だという好例です。今ではその評判が広がり、さらに広範囲からの依頼が増えているそうです。

私は、**どの地域でもエリアを限定することで、効果的なスタートアップが図れるのではないかと考えています。**

ただ、地域で独立しても、すぐにはお金にはなりません。独立当初は仕事も入りませんし、いまだにどの地域でもコンサルタントは怪しい業界だと思われているため、煙たがられる時もあります。

しかし、地域ではよくも悪くも必ず見ている人がいます。そのような人はいずれ必ず支援してくれ、信頼関係が築かれていくものです。そして、数年後には必ず、地域で必要とされるコンサルタントになっているはずです。

04

地域でキャリアを活かしていく

これまで地域は、それぞれの機関が相互補完的にリスクや信用を供与し合う形で成り立ってきました。しかし、それぞれの機能が時代遅れになっており、機能不全に陥りつつあります。この背景には、人口減少で地域の市場が縮小しているだけではなく、コンプライアンスへの対応やＩＴの進展により、消費者が情報発信力を持つようになったことなども挙げられると思います。

そのため、地域が持つ本来の力を活かしきれていない実情があります。次ページ図のように、中小企業だけが孤軍奮闘してリスクを積極的に取っている状況です。

ただ、これは異常な状況と言えます。本来であれば、地域経済が回ることで、企業にも循環して恩恵が行き渡っていたものがなくなるどころか、自分だけの力で生きていかなければならない状況になっているのです。

図1　中小企業だけが孤軍奮闘している現状

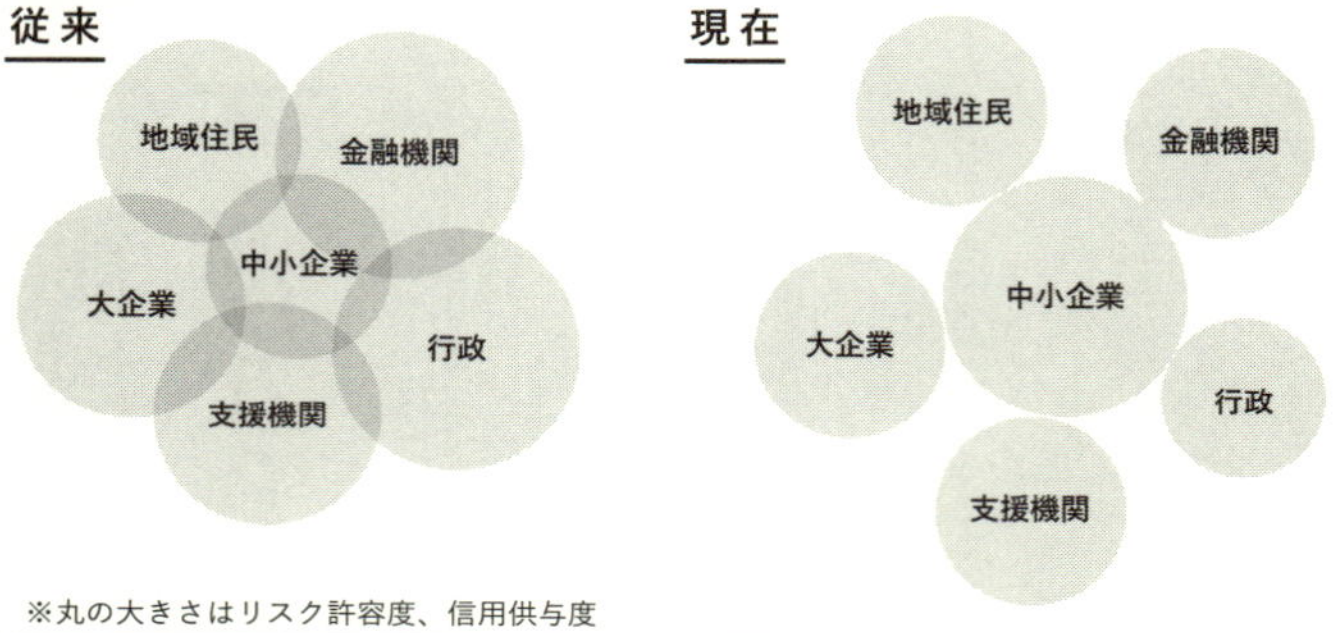

※丸の大きさはリスク許容度、信用供与度

従来	現在
地域は利害関係者が相互に信用やリスクを供与して補完し合うことで成り立っていた。	それぞれの関係者がリスクを取りたがらず、中小企業がリスクや信用を供与する関係性。隙間が空いているためにうまく回らなくなっている。

しかし、それゆえに、我々地域コンサルタントの出番も多くなるとも言えるでしょう。

地域のためにキャリアを活かす

コンサルタントという業務は、それまでのキャリアで、自分が得意とする分野で活動していきます。社会人を10年ほどやっていれば、その職業人人生の中で、コンサルティングに役立つキャリアが何かしらあります。自分では「普通のこと」と思っていることでも、企業から必要とされるものは非常に多くあります。

私自身、金融機関出身でしたが、日々業

務で行なっていた資金繰りや財務管理が、これほどまでにお客様から必要とされるとは思ってもみませんでした。

地域には専門人材が不足しています。専門人材が働ける場所がないことが、その一因にもなっていると思います。そのため、専門的なことは東京などの企業に任せよう、となってしまいがちです。しかし、地域に専門人材がいるとわかれば、活用しようとする企業も増えるはずです。今後ますます、そのニーズはさまざまな分野で増えていくでしょう。

05 ニーズが増え続けている6つの分野

地域で課題解決ニーズが増えていると先ほど述べましたが、一体、どんなニーズが増えているのでしょうか。ここでは、我が社が注目して力を入れている6つの分野を取り上げます。もちろん、この他にもたくさんの専門的なサービス提供のあり方があるでしょう。さらに、地域ならではのコンサルタントもこれからどんどん生まれてくると思います。

・財務管理

財務管理ニーズは地域の多くの企業で増えています。我が社にも財務を教えてほしい、代わりにやってほしい、社外取締役として経営に参画してほしいという要望が数多く寄せられます。地域企業の経営者は、財務に関してはプロではありませんので、当たり前と言えば当たり前です。

・金融

本来、地域金融機関は、取引先の情報を知り尽くしてコンサルタントの役割を果たし、企業を支えてきたのですが、業務範囲の拡充と地域においての信頼度の相対的な低下により、それが難しくなっている状況です。保険や投資信託など手数料ビジネスに視点が行ってしまっているだけに、目先の利益を追わない、時間と労力がかかるコンサルタントになるのは難しい状況です。

もし金融機関出身者であれば、5年、10年先を見て、この分野でサービスを構築するのはよいと思います。この分野に対応できるコンサルタントは地域で引く手あまたでしょう。

・IT

中小企業の業績格差＝IT格差ではないかと思えるくらい、地域において活用している会社と、そうでない会社の差が広がっているのが現状です。国がいくら生産性向上をうたっても、ITの利活用なしに生産性を向上させることは難しいでしょう。

我が社においても、創業以来、ITに対するニーズの高まりを受けて、IT事業部を立ち上げ、ＩＴコーディネーター２名が顧客対応に当たっています。その引き合いは急増しているところです。

企業の課題解決に、ＩＴは必須のツールです。どんな分野のコンサルタントであれ、ＩＴ関連のプロと連携を図っておく必要があるでしょう。専門性の高い分野のアドバイスを行なう方とは親和性がとても高いです。

●人材育成、採用

地域では、どの組織でも空前の人不足の時代です。この状況は今後、人の仕事がＡＩやロボットに置き換わるまで続くでしょう。特に若年者の採用、育成は企業の最も重要な戦略に位置づけられます。人材の育成、採用をフォローできるコンサルタントは地域に必要とされます。

また、今後は定着率の向上や働きやすい職場を作るなど、長期的な会社の体質改善も同時に行なうことが求められます。そのようなところまでを併せてコンサルティングできる人や会社は今後ますます伸びていくでしょう。

・事業承継

地域の中小企業の半数に後継者がいないという現状がある中で、代表者の年齢は年々上昇を続けています。一方、後継者のいる会社は経営革新を図ろうと、いろいろな新しい取り組みにも積極的です。

地域でコンサルタントのニーズが上昇している大きな要因として、依頼する側の経営者層が変わってきていることがあります。少なくとも今後10年、事業承継ニーズは高まるばかりですので、業種特化、地域を特化することで必要とされる事業承継関連サービスは必要とされると思います。

・デザイン、マーケティング

近年、デザインは商品開発や企業運営において、とても重要な要素になってきています。大手企業に対しては佐藤可士和さんなどが有名ですが、地域においても、後継者への引き継ぎに前後して、コーポレートアイデンティティ（CI）、ビジュアルアイデンティティ（VI）にデザイナーが関与してブランディングに取り組むケースが増えています。

これまではマーケティングが地域で必要とされることはあまりなく、本格的にマーケティング業を行なうには、大都市圏以外で成り立たせることは難しかったように思います。しかし、今は行政、団体、企業が自分で企画立案して、町おこしや自社PRを行なわないといけない時代になりました。農業や観光など、うまくブランディングやメディアを活用しなければいけない事業が地域でとても増えています。

例えば、これからインバウンド向けに海外にPRするという場合に、企画立案からコンサルティングできる人材は重宝されていくでしょう。

2章

地域コンサルタントに必須な5つのポイント

01

なぜ、地域一番を目指すのか？

地域で一番になると、**お客様が向こうからやってきます**。

地域ではコンサルティング会社に依頼して課題解決を図るというのは、まだまだ少ない状況です。そのような中でお客様からの依頼をいただき続けるには、口コミや評判を高めていくしかありません。名刺交換した程度の間柄では、いくら営業してもなかなかお客様にはなってもらえないのです。

お客様の広がりは、お客様を起点に実現します。そのためには、**紹介しやすい状況**を作っておかなければなりません。

「○○の分野でサクシードさんは一番だよ」

「□□なら、サクシードに相談したほうがいいよ」

というように、周りの経営者に言っていただくことが何よりのPRになっていきます。

そのためには、**早いうちからテーマを設定し、テーマに沿った実績を上げていくことがポイントです。**

我が社の場合は、「事業承継」「後継経営者」をテーマに一貫したサービス提供や企画を立ててきたために、今では自他共に、その分野では地域一番だという共通認識ができてきています。

地域一番コンサルタントはここが違う

地域では、実にさまざまな仕事が依頼されます。独立から3年目くらいまでは、当然断ることなくやっていくことが大事ですが、ある段階で、このスタンスも変えないといけません。個人的にはどんな仕事も依頼に応えたいのですが、一日は24時間と決まっていますし、会社として運営していくには当然、収益も考えなければなりません。

これまでのキャリアを活かして地域で一番のコンサルタントになるには、**「分野」を特定したほうがうまくいく確率は上がります。**

分野に特化していくと、とにかく目立ちます。地域でのお客様である企業との接点が多くなります。その結果、いろいろなところで口コミが増えます。そして当然、依頼される仕事の数も多くなります。

我が社も今では、毎週のように新たな経営相談を受けるようになってきています。年間60社以上の企業から直接、紹介を問わず新規の相談があるということになります。数が多いので、その中で自分たちに合うお客様とお付き合いが可能となります。

今後、地域のサービスは人と人のつながりが勝負の分かれ目になっていくと感じています。よりお客様に近いコンサルタントが選ばれる時代になってきたというわけです。

そのためには、「一番」になっていないと忘れ去られてしまいます。自分が地域一番の分野を見つけ、その分野についての情報発信は欠かさないようにしましょう。

自分が信頼に足るコンサルタントかどうかは、あくまでもお客様や地域の企業が決めることなので、自分から売り込む時間があれば、その分、自分が一番になれる分野を確立すべきです。

お客様を明確に定義する

地域一番になるには、分野を決めると共に、**ターゲットとなるお客様を明確に定義する**ことが大切です。

これは、決してそれ以外のお客様は相手にしないという意味ではありません。自社にとってターゲットのお客様かどうかを、きちんと理解して対応するということです。

ターゲット層のお客様比率が高まると、さらに同じようなお客様をお客様が紹介してくれるようになっていきます。我が社では、私と同世代の経営者、特に後継経営者が主なお客様層になっています。

そして、お客様を定義していく際には、「誰のために」「何のために」事業を行なうのかという、相手に伝わる大義のようなテーマが必要になります。大義と言うと大げさですが、地域の経済を担う企業を支援するコンサルタントとしては、「地域一番」に至るテーマには大義が必要なのです。

「地域の社会的課題を解決したい。そのための方法が、これです」

「私がこのテーマでコンサルティングを行なうことが、地域のためになるのです」

といったようにです。

当然、大義だけでは事業として運営していけませんが、日々の活動の裏側には、常に大義がなければいけません。我が社においても、「サクシード」（英語で「引き継ぐ」の意）という社名や「次世代により良い社会を引き継ぐ」という経営理念のもとに、よりよい地域社会の形成を支援するということを、社員全員が活動の中で心がけています。

02

地域では業種ではなく分野で広げろ

独立して短期間で全国区のコンサルタントとして軌道に乗せたいのであれば、業種特化型のコンサルタントのほうが効率はいいでしょう。コンサルタントにとって強い業種はあって当たり前、そんな常識がまだまだ一般的です。

業種特化型においては、経営者をやりながら、他の地域の同業者などにアドバイスを行なうケースが増えています。そのような方は自分の現在の経験をもとにした、完璧な業種特化型コンサルタントです。

今の時代は経営者にも、コンサルタント的要素が求められるようになってきました。事業成長のためのM&A戦略や新規事業の立ち上げなど、コンサルタントのように客観視できるセンスや事業を見る目が必要になってきているのです。

逆に言うと、業種特化型のコンサルタントには、そんな経営者兼コンサルタントと対等

図 2　コンサルタントにも経営者の経験・センスが必要な時代

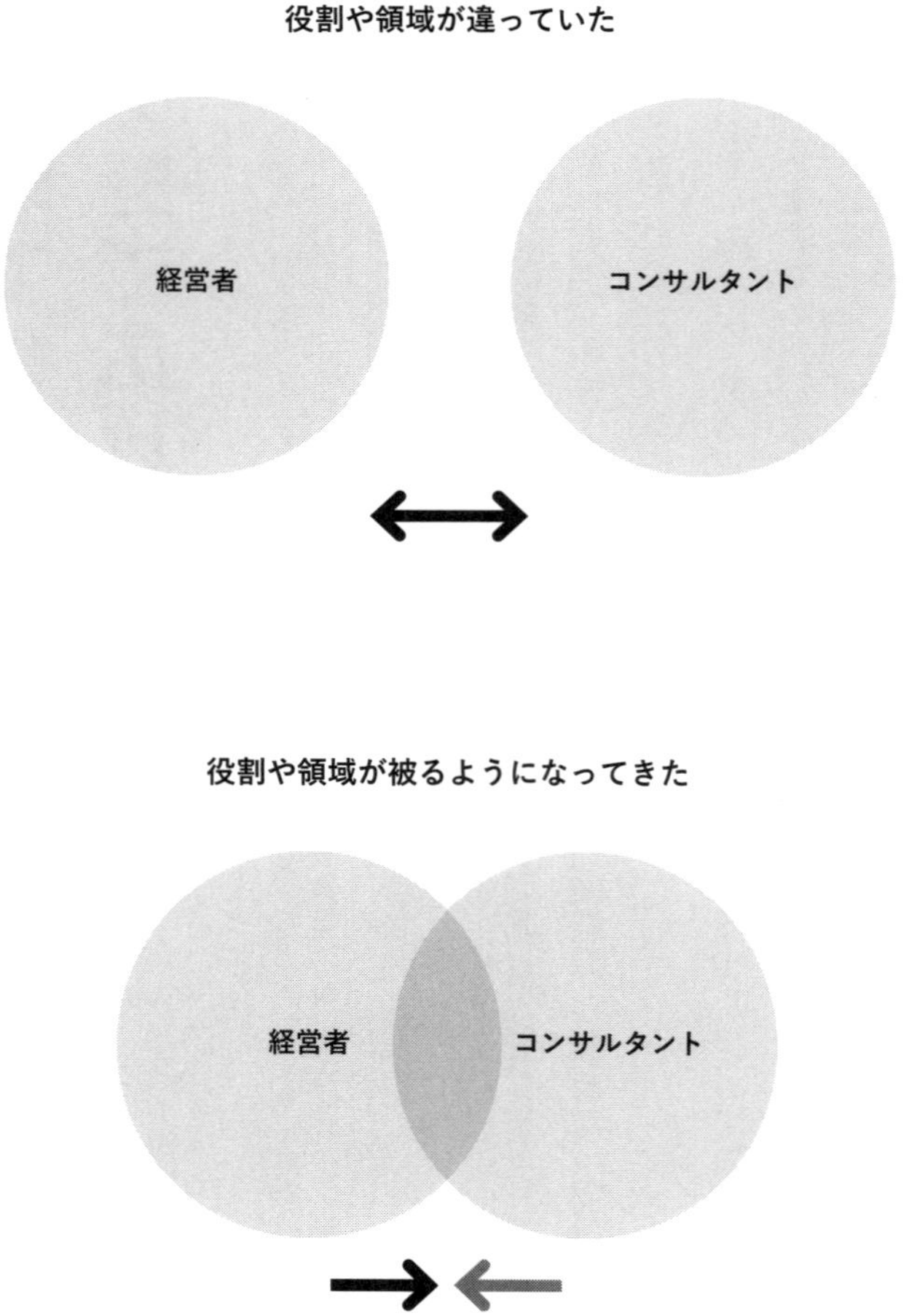

にやっていけるだけの経験やセンスが求められるということです。もしあなたが、その業種の日本で上位10社の中小企業と懇意にしているようなケースであれば話は別です。常に業界の最新情報も入ってきますし、提供できるアドバイスも付加価値を持つでしょう。

しかし、そうでない場合に地域で業種を絞るのはお勧めできません。独立する時はそれまでのキャリアから最新の業界動向の知識やノウハウがあっても、今の時代、2年もその業界から離れていれば〝浦島太郎〟状態です。特に大企業から独立する方は、独立後、今まで当たり前のように得られていた情報が入ってこない状況に陥ります。独立後は、その情報源も自分で構築しなければなりません。

前項でも述べたように、私は、地域コンサルタントは「分野」をテーマにサービス提供していくといいと考えています。それぞれの地域特性、業種を踏まえてニーズが高い分野のサービスを提供していくのです。

分野ごとのサービスには業種を超えたニーズがあるため、地域で効果的にお客様を開拓することが可能になります。

図3　地域でニーズの高いサービスを構築する

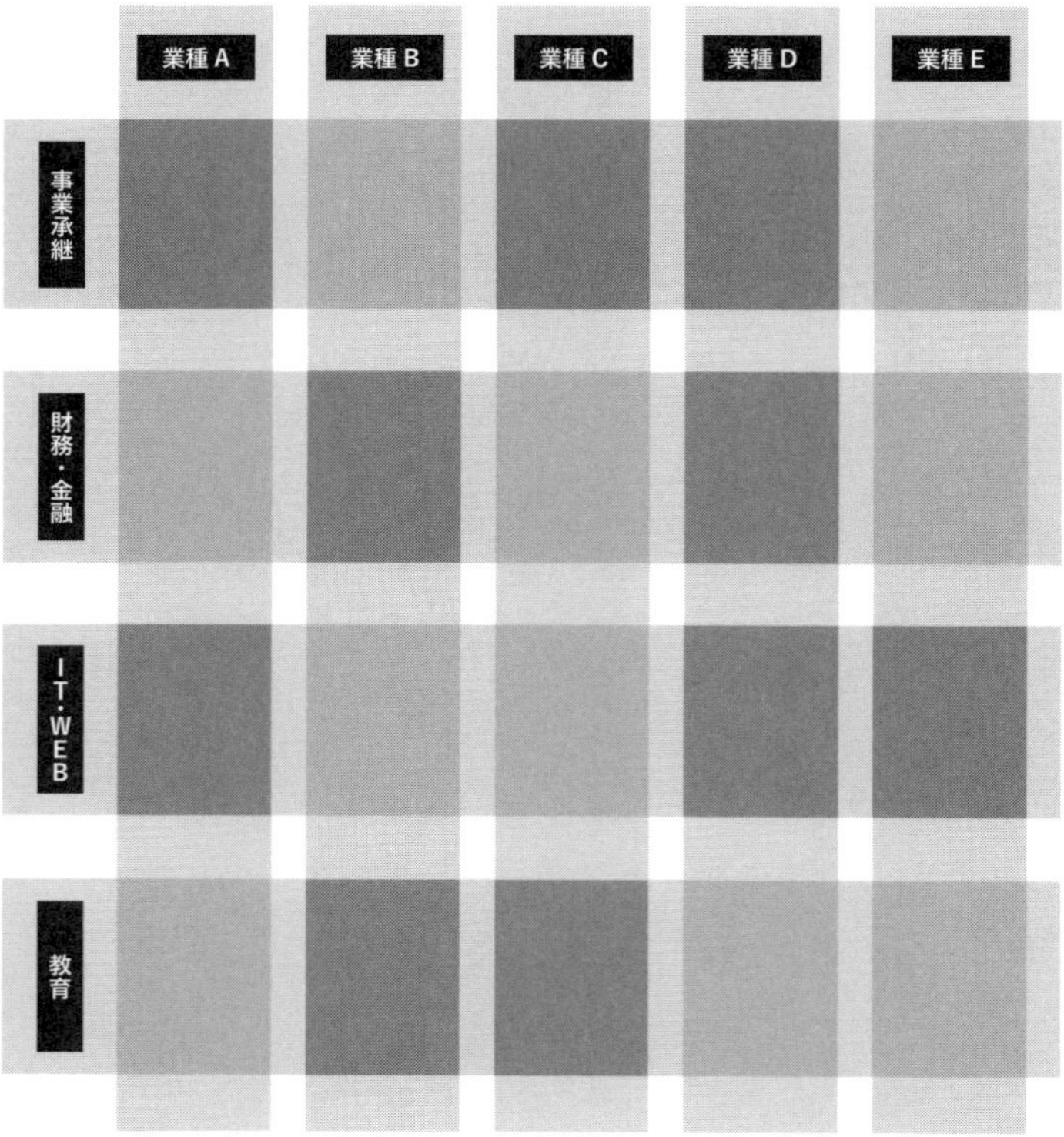

地域における業種の傾向と、
自分のサービスを求めているお客様にサービス提供を想定する

①月次のサービスで提供できるコンサルティングメニューを考える
②毎月の打ち合わせの中で改善、進捗をチェックしていく
③そのためのツールやフォームを作成していく

地域では1業種1社が基本

地域では、それぞれの業種の企業数も多くなく、距離感がとても近いです。社長同士が知り合いであることもしばしばです。そのため、**地域で活動していけばいくほど、お客様の競合に依頼を受けるケースが出てきます。**

私のように地域を拠点に9年以上も活動していると、さまざまな業界にお客様がいらっしゃいますので、業界動向をリサーチするために、それぞれの業種の主要企業を知ることになります。そして、お客様の競合企業や取引している企業から、人伝手に依頼が来ることも多くなってきます。最近は、こうした理由で、せっかくご紹介いただいたにもかかわらず、毎年数社はお断りする状況になっています。

地域内でお客様にアドバイスできるのは1業種1社が基本です。飲食店やエリアがかぶらないケースや、建設業や製造業のように取引先がさまざまというケースでは可能になりますが、基本的には既存のお客様と営業エリアが重複する会社の依頼は受けるわけにはいきません。戦略やコアなノウハウまで一緒に考えて共有することになる我々コンサルタントの業務内容を鑑みると、道義的に当然だと言えるでしょう。

涙を飲んできちんとお断りすることで、地域での信頼にもつながります。

時には、お断りした直後に、既存のお客様の契約が更新にならずに「あぁ、もったいないことをした」と思うこともあります。しかし、一度お断りした方からまた違うお客様をご紹介いただくこともあるので、長い目で見て、本当に紹介してもよい相手であると思っていただくほうが、目先の売上よりも大切なことです。

「お客様をお断りしてビジネスになるのか」と思われる方もいらっしゃると思いますが、地域での雇用創出、事業承継、事業モデルの転換、ＩＴ、新規事業の立ち上げ、資金調達などは、どの企業にも共通する分野的課題です。当然、さまざまな業種をサポートすることになりますが、こちらのほうがその分野については圧倒的に専門家ですので、お互いにWIN-WINの関係を築きながら、サポートすることが可能です。

そのため、特定の分野で実績を積むと、次から次へと相談が舞い込むようになります。

03 年収や売上より重要なものは○○

コンサルタントは年収がいくらかということがよくキーワードに上ります。私の前著でも「年収1000万円稼ぐ！」というキャッチフレーズに目がいき、購入してくださった読者も多かったと思います。

しかし、年収＝売上とすると、1000万円は人を雇用してチームとしてやっていくには通過点にすぎません。私が地域コンサルタントとして活動してわかったことは、**売上だけを追ってはいけない**ということです。

それでは、何が必要になるのかというと、それはずばり「**信頼**」です。今思い返してみると、これまでの9年間は信頼関係の構築を日々続けてきた活動だったと思います。

お客様や地域の経営者と信頼関係が築けている方は、どんなビジネスでもうまくいっています。逆に売上や利益だけを見ている経営者は、3年、5年、10年スパンで見ると見事に消えていっています。

また、年収といっても企業での売上ですから、そこから活動費や経費やサービスの維持にかかる費用などを差し引くと、手元にはあまり残りません。そうすると、地域コンサルタントはそもそも短期的に大きく儲かる職業ではないということが言えます。

しかし、10年続けていると、コンサルタント業を通じてさまざまな分野において事業化できる基盤ができます。この段階で、収益性や知名度などが一人でやっている時とは全く変わってきます。現実に、我が社の一人当たりの売上は毎年上がっており、これが新しく入社したスタッフを育成しながら活動していける源泉になっています。

前著を読まれた方の多くは独立当初、売上1000万円を目標にスタートし、3年目くらいで達成したとおっしゃっていました。我が社のスタッフも入社2~3年で年間の売上高が1000万円を超えてきます。おそらく売上1000万円を目指す最適なやり方は、前著に凝縮されているのだと認識しています。

ただ、**地域一番コンサルタントの次のステージは事業化・組織化であり、地域の**

新産業としての市場の創造です。その結果、地域に働く場所が増えて、付加価値の高い人材の地域への還流も行なわれることになっていきます。そのためには、売上が1000万円を超えたあたりから、基本的な考え方をベースにやり方を変えていく必要があります。

1000万円を目安とする理由としては、「コンサルタントの年収＝売上」だからです。当然、ここから活動にかかる経費が引かれます。さらに、人脈を構築するための経費、事務所費など、コンサルタントは粗利ビジネスと言っても思ったより経費がかかります。感覚的には1000万円売り上げて、サラリーマンの年収600万円くらいといったところでしょうか。

また、ここには社会保障や年金などは含まれていないため、実際のリスクは加味されていません。当然、独立当初は個人の信用もなくなりますので、カードローンどころか、クレジットカードすら作れません。これは大企業にいた人ほど、それまでのキャリアとのギャップに打ちひしがれると思います。

04 素人コンサルタントだからできること

独立しようとする人は、それまでのキャリアで何かしらの専門分野が確立されているはずです。ないという方はこれを探さないと独立してから痛い目に合います。

どこまで行っても、コンサルタントは過去のキャリアや実績に引っ張られます。私も、10年経ってもいまだに、銀行員時代に培ったノウハウや経験がコンサルタントとしての基本になっています。

我が社の新井はフリーのＷＥＢデザイナー、山田はテレビ局を経てＳＥ、市川は地域金融機関、齊藤は高校教師、人材派遣会社コーディネーター、押山は会計事務所やＩＴ企業総務経理部長、吉沢は会計事務所で公認会計士を目指していました。また、アシスト職のメンバーも社長秘書、大手書店営業、大手証券会社、学習塾、歯科技工士、銀行員など、皆それぞれに違う道を歩んできました。

また、各々がキャリアの中で、中小企業診断士、ITコーディネーター、MBA、MOT、化学修士、システム工学修士など、さまざまな資格を持っていたり、英語、フランス語、中国語などの言語に精通しています。

よく、こんな多彩な人材が集まったと思っています。特定の業界出身者だけでは、その業界の常識に縛られがちになりますが、異なるキャリアを有する者が集まると、それぞれの出身業界の常識は全くもって非常識なのだと、お互いに気がつくことができます。

そして、これまで培ってきたキャリアに立脚したサービス提供を行なっています。同じキャリアの人間で運営したほうが効率がいいと思われがちですが、この**キャリアの違いが、地域で組織的にやっていく中で相乗効果を生む**のです。

例えばSEだった山田は、システムやIT全般について、お客様の要望に応えられます。高校の教員をしていた齊藤は、とにかく教えることが上手なので、社長の奥さんや若いスタッフに人気があります。さまざまなキャリアの人間がいるからこそ、ワンストップでもかゆいところに手が届く、使いやすいサービスになっているのです。

大企業にいて不満を抱えながら生きていくならば、自分のキャリアを活かして、中小企業のサポーターとして数社と契約し、新規事業の立ち上げなどを行なうほうがよほど面白い人生が送れる時代になってきたと実感しています。

まずは、自分のキャリアを見つめ直してみてください。その中で必ず、地域のお客様のために活かせる何かがあるはずです。まず、それを探してください。

私の場合は、それに気づかせてくれたのが、前著を出版するきっかけになった「出版会議」という場でした。同文舘出版の古市編集長とサトーカメラの佐藤勝人さんを中心に、書籍の企画を練るのです。参加者の多くが経営者の中、「水沼さんに相談したいことは何か？」を、司会の佐藤さんが質問したところ、皆さんが挙げたのが「銀行の対応方法」や「経営計画書や資金繰りなどの書類の作り方」だったのです。

それまで私は、経営のアドバイスをすることばかりに躍起になり、ＭＢＡで学んだ経営理論をもとにしたコンサルティングメソッドを作成していました。しかし言われてみれば、それは付け焼刃で、自分の経験をもとにしていないサービスでした。

それから自分のキャリアを見直し、今の経営計画に特化したサービス体系を構築しました。このサービスが、スタッフを雇用する源泉にもなっていったのです。とにかく、想定するお客様が自分から聞きたい、相談したいということをベースにサービス設計していくことが大切だと実感した出来事でした。

既に述べた通り、地域コンサルタントは、むしろコンサルティング未経験の方のほうが向いていると思います。その理由の一つは、**サービスを受ける側の経営者も、初めてコンサルタントに依頼をするケースが多い**からです。

地域の経営者は、まだまだコンサルタント慣れしていません。我が社のお客様も、初めてご依頼いただくケースがほとんどです。「コンサルタントというのは何をしてくれるんだろう」という様子で、初回の面談は進むことが多いです。

経営者がコンサルタントを雇うのは、あくまでも会社をよくしていく過程における一つの手段であり、目的ではありません。したがって、効果が出るのであれば、無名でも地域のコンサルタントに依頼しない理由はないのです。

ここに、コンサルタントが地域で生きていくためのニーズが潜んでいます。地域コンサルタントは、ここに自分のキャリアを活かしていきましょう。

寄り添うようにサポートしてほしい経営者

経営者は孤独です。常に何かの不安を抱えています。私もスタッフが増えれば増えるほど、自社についての悩みは大きく、深くなっていくような気がします。「問題がない会社はない」とよく言いますが、これは業績がよい、悪いということで発生する悩みではありません。

経営判断を迫られる経営者は常に、自分を理解して、スピーディーにアドバイスをくれるコンサルタントを求めています。それは超売れっ子でなかなか相談しにくく、先生という立場のコンサルタントではなく、経営者は**喜びも、悲しみも、苦しみも一緒になって感じ、考えてくれるサポーターがほしい**のです。

日々の経営の中で発生する小さな課題も含めて、地域をよく知り、気軽に相談できる、近くにいるコンサルタントにしか満たせないニーズは必ずあります。

経営者は命懸けです。緊急で夜や休日に相談したくなることもあります。そんな時でも気軽に相談でき、近くにいれば駆けつけることも可能です。私は独立当初、「24時間36

5日相談受け付けます」と書いたチラシを配ったことがありました。今となっては笑い話ですが、多くの経営者の好感を得たことを記憶しています。

「夜分にすみません、ちょっと相談があって」という電話もかかってきます。社長なら当然だと思いますが、悩みを抱えた時は、今すぐ、この不安を解決したいものです。アイデアを具体的に落とし込みたいものなのです。

時には、「我が社の社長は、言っていることとやっていることが全く違います。水沼さんから何とか言ってください」など、社員の方から相談が寄せられることもあります。当然、事実関係が把握できていないこともありますので、情報を咀嚼してサポートするようにします。地域だからこそできるサポートは、数多くあるのです。

05

地域の経営人材としての役割

これから地域で最も必要な人材は、「経営人材」です。今後、地域の盛衰は、地域にどれだけ経営人材を育成できるかどうかにかかっています。コンサルタントとして活動している方は少なくとも、経営人材に近いポジションにいます。そのため、規模の大小、自他を問わず、組織をマネジメントする必要性に迫られてきます。

これからは、**コンサルタントが経営人材として経営に携わっていくケースが増えていく**と思います。後継経営者のいない会社が多いことを考えても、引き継ぎに関わる必要があるでしょう。そのためにも、日ごろから組織や会社を経営する視点でコンサルティングを行なっていくことが求められます。

お客様の会社においても、いかに多くの経営幹部を育てることができるかに今後の成長がかかってきます。経営人材を育成していくという考え方は、地域コンサルタントにとって必須です。

中小企業では人材不足のため、いい商品やサービスがあっても、PRにリソースを割くことができずに機会をロスしています。また、本社の管理コストが高い、生産性が上がらないなど、多くの会社で場当たり的な運営がいまだになされています。しかし、これからは事業分野ごとに経営人材を確保し、計画的に運営できる体制を構築しなくては成長していくことは難しいでしょう。

経営人材のアウトソースというニーズもある

このように、地域での経営人材へのニーズは年々上昇しています。財務担当者、IT担当者、営業統括などはどの企業からも引く手あまたです。また、地域の中小企業は成長するためにM&Aやエリアの拡大など、これまでにない取り組みを行なっていこうとしていますが、社内の人材不足でアクセルを踏めないケースがほとんどです。

そのため、我々のような外部機関にアウトソースを依頼しながら、社内の人材を育てていくことが経営人材育成への近道になります。

実際に我が社のスタッフにも、「将来は○○さんに社外取締役として、経営に参画してもらいたい」「若手が育成できるまで、経営幹部の代わりに意思決定などを一緒に行なってもらいたい」といった要望が数多く寄せられるようになってきています。

地域コンサルタントは、常に自分が経営者ならどうするかという視点で活動していくことが求められているのです。

3章

自分の経営計画をつくる

01 起業前にやるべきこと

本書の読者の中には、これから起業される方も多いでしょう。起業する際には、さまざまな準備が必要になってきます。まず、地域コンサルタントとして、どのような事業を構築していくのかはもちろん、これまでの実績やキャリアをいったん整理しなくてはなりません。

こうした多岐にわたる起業準備は、今後コンサルタントとしてうまくいくかどうかに大きく関わってくることで、いわば「自分の経営計画づくり」です。本章では、そのポイントをお伝えしていきます。

3つの視点から自分の事業領域を考える

最初に、**自分が活動する地域で必要とされている分野、テーマ設定**が必要です。今だと、地域活性化やデザインなど必要とされているテーマは数多くあります。

そして2つ目に、**自分のキャリアが活きるかどうかで分野を決めていく**ことです。私の場合、銀行員と言えば財務ですので、これから必要になるだろう事業承継対策をテーマに設定しました。そのため、キャリアとテーマ設定がうまく合致して、早い段階からお客様からお客様を紹介していただけるようになっていったのです。

働いているころには、これが将来の起業に役に立つなど、全く思っていませんでした。ただ当時は、お客様に「こんな事業をやりたいのだけど、水沼さんどう思う？」「次に資金が必要な時期はいつくらいだろう？」と投げかけられた質問に対して、自分で調べたり、資料を作成して提案していました。今思えば、こうした経験が現在に活きています。

これまで積み重ねてきたキャリアにおける経験やノウハウはずっと残ります。そのため、キャリアを活かせるサービスを構築するほうが、うまくいく可能性が格段に上がります。

3つ目は、**魚がいないところで釣りをしても釣れない**ということです。いかに高度な専門知識でも、市場に求められていないサービスは必要とされません。お客様や社会の

図4　自分の事業領域を見つけ出す

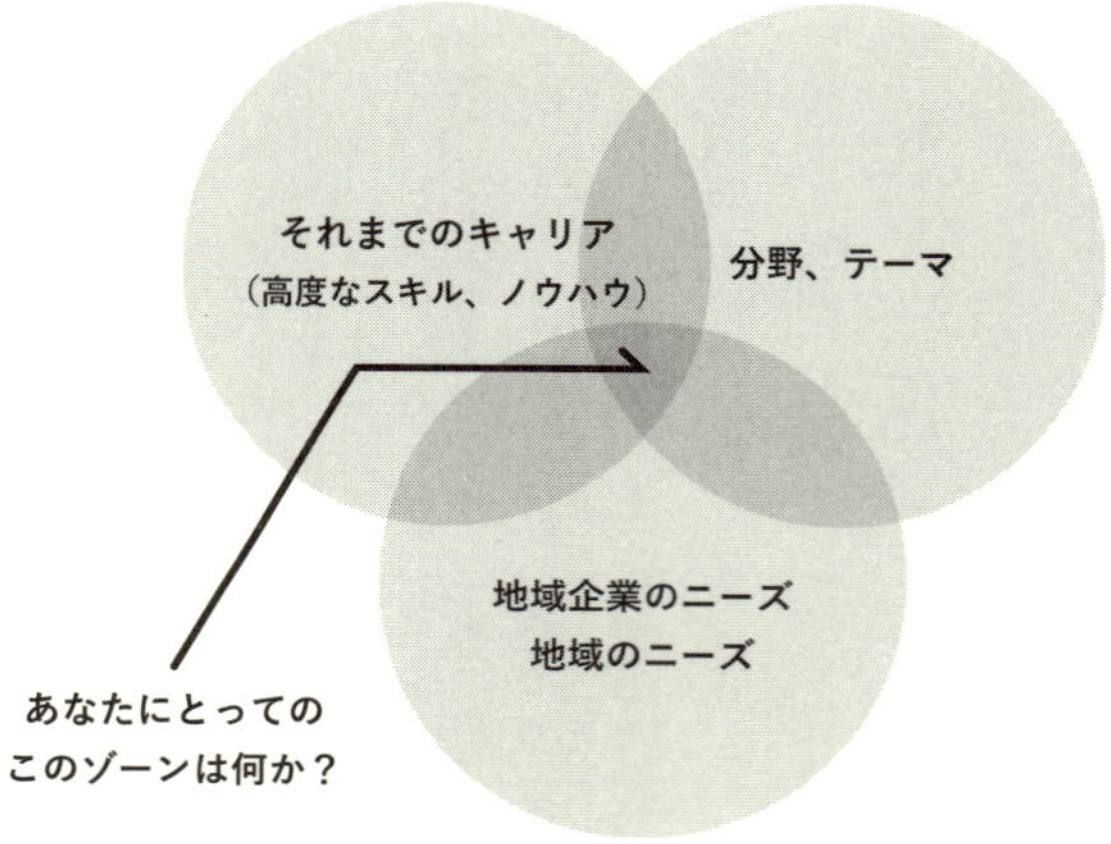

ニーズが存在していることが、大前提なのです。

キャリアを活かすには、前職で抱えていた課題認識や、よく問い合わせが寄せられるのに対応できなかったサービスなど、ニーズが見えている事業を構築して始めるのがよいでしょう。

以上の3つは、コンサルタントになるために最も大切な視点ですので、じっくりと考えたいところです。士業の方は独占業務があることから、この点をよく考えずに独立していることが多いように思います。企業と同じで、自分の事業領域をどう見つけるかが大切です。

それまでの人脈を整理する

コンサルタントほど、人脈が重要な職業はありません。人脈構築の手法は4章で詳しく述べますが、人脈の形成が成否を分けると言っても過言ではありません。

そのため、それまでの社会人人生や、自分のキャリアで形成してきた人脈をきちんとリスト化しておくとよいでしょう。これを私は「**人脈リスト**」と呼んでいますが、独立後も継続して書き足していくことで、日々の活動の足取りの確認や、棚卸を行なう際に活用できます。

私は銀行を辞めた際に最初のバージョンを作成しましたが、このリストは2年くらいで入れ替わる人と、そうでない人に分かれていきます。後者の入れ替わらない人は、継続して顧客になってくれていたり、その先に新たな人脈の広がりがあるお客様です。後になって、「この仕事は、この人から広がったんだ」と感慨深くなる時もあります。

ただ、コンサルタントとして活動を始めて、業務多忙になると、リストにある人脈のことも忘れてしまいます。定期的にこのリストを見直して、適宜、情報交換の機会を設けるなど、接点を持ち続けることが何よりも大切です。

当面の資金の確保

独立前に、資金をある程度確保していないと、必ず後悔することになります。どんな事業にも、軌道に乗るまでの「魔の期間」と呼ばれる時期があります。それは、仕事が安定して依頼されるようになるまで固定費が賄えず、赤字で事業を継続していかなければならない期間です。

次に、仕事は来るようになってきたが、業務完了しても入金になってこない。これは運転資金がショートするという事象です。黒字だけど、資金が足りないという状況です。

まずは、この2つの期間を想定して事業をスタートしましょう。

私は独立するまで9年間銀行員でしたが、常に独立しようと準備をしていましたので、その間、財形や証券の運用でかなりの貯蓄をすることができました。笑い話のようですが、今より当時のほうが預金額はあったかもしれません。

しかし、それをビジネススクールの学費と生活費、そして独立後の魔の期間で使い果たして、預金通帳の残高7万円にまで追い詰められました。妻に「口座に7万円しかないんだけど」と言われた時は、私も笑うしかありませんでした。

資金繰りが厳しいコンサルタントには誰も依頼はしません。さらに、「貧すれば鈍する」とも言う通り、実際に資金に困窮すると判断力やイマジネーションが弱まり、活動にも影響を与えるようになります。そうならないためにも、独立前には、厳しめの資金計画を作成しておきましょう。

02
自分を客観視する

会社を運営するうえでは、経営計画が欠かせません。コンサルタント業として運営していく際にも、同様に、経営計画が必要です。

この「自分の経営計画」は、独立直後はもちろん、事業化した後も大きな力を生みます。我が社では毎年、全スタッフに配布して、個人の年間目標について書き込んでもらっています。スタッフ全員分で80ページ近くに及びますが、我が社の1年の指針となっています。

面白いのは、35歳を超えると大体、目標の中に健康管理が入ってくることです。「ジョギングを月○回する」「飲み会の回数を制限する」など、30歳の時には考えもしなかった目標が出てくるのです。目標設定は、年齢と共に変わってきます。こうした変化も、自分の経営計画にきちんと入れておく必要があります。

なぜなら、コンサルタントは**自分を客観視することがとても重要**だからです。

自分の経営計画で定期的に自分を振り返ることによって、うまくいった案件、そうでなかった案件を振り返り、自分に何ができて、どんなコンサルタントを目指していくのかを常に突き詰めていく姿勢を心がけましょう。自分に足りないものを学び続ける努力が、地域コンサルタントには必須です。

成功ノートを作る

私は独立以前から、「**成功ノート**」というノートを作成していました。作成といっても、何か大げさなロジックや展開があるわけでは

サクシードの指針となる経営計画。

なく、ただ思いついたことを書いたり、将来計画を作って貼りつけたりしたものです。かれこれ10年近くつけていますが、これが実に効果がある方法なのです。

独立すると、まるで川に流されるように毎日が過ぎていきます。会社勤務であれば、明日会社がなくなる心配はしなくてもよいですが、独立後は日々、廃業のリスクと隣り合わせです。そうならないように、飛行機で言えば徹底的なメンテナンスが必要になります。

そこで、成功ノートに将来起こりそうなことを書いておいたり、毎年、年末には次年度に達成したこととして、更新します。

成功ノートには日々起こる葛藤や出来事を思い立った通りに書いていくだけでいいのです。読んだ本にいい言葉があった時や、人からアドバイスをもらった時に書く、日記とはまた違う自分の記録帳です。私の最近のノートには、今後の事業構想についての思惑が日々綴られています。

アイデアや考えが湧く時は人それぞれです。車の中でいいアイデアが湧くという人もいれば、風呂の中で思い浮かぶというケースもあります。ですから、**常に何かを記録しておく仕組みを作っておく**ことが必要なのです。

後で見返した時、苦しい時に綴られている内容ほど愛着が湧きますし、「あの時、こんなに大変だったのに、何とか乗り越えてきたから、今回も大丈夫だろう」と過去の自分に励まされることもあると思います。

さらに、家族がいる場合は、家族の助けがあってのコンサルタント活動です。成功ノートには、「家族で旅行する」「長女の中学校入学」など、家族とのプライベートな計画も一緒に入れておくこともお勧めです。

また、コンサルタントになると、目標を達成し続けなければなりません。しかし、その途中で目標を見失ってしまう人も少なくないようです。

そうならないためにも、自分の経営計画や成功ノートで現在の課題や、将来の目標を言葉にして「見える化」することで、達成への確実な一歩を進めていきましょう。

03 経営計画を50人に提案する

自分の経営計画は当然、業務にも利活用していきます。特に、独立時の顧客獲得に有効なツールとなります。

コンサルタントが自分の経営計画を持って、顧客訪問する。客観的に聞くと、一体なんだと言いたくなるかもしれませんが、これが本当に効くのです。

具体的に言うと、自分の経営計画を持って知り合いの経営者に説明に伺うのです。人脈リストから聞いてくれそうな方をピックアップして、順次、事業説明していくという活動です。

具体的には、自分の経営計画を2部用意して、名刺と一緒に置いてきます。その際に、「どなたか興味がありそうな方がいらしたら、お渡しください」と申し添えます。前著でもご紹介しましたが、早い人だと、「10社ほど訪問して、お客様と契約になりました」「知り合いの経営者を紹介してもらいました」と成果が出ています。

私自身は、「事業承継」をテーマに、同世代の後継経営者を支援するビジネスモデルでコンサルティング事業を起こすという経営計画を作りました。具体的には、ビジネススクール時代に多くの経営者に会いに行って事業承継についてヒアリングを行ない、その結果をもとに立案しました。この時、**自分の独自性を組み込んだコンサルティング内容にする**ことがポイントです。

ただ「中小企業を支援したい」というだけでは、面白みのあるビジネスプランにはなりません。自分がこれからやろうとしているコンサルティングプランのどこに独自性があって、他にはない強みがあるかについて、きちんと盛り込む必要があります。

例えば、社会保険労務士であれば、「中小企業の労務管理」について、「何でも相談できる事務所を開業する」というプランでは、相手も興味深く見てはくれないでしょう。「人材派遣会社にいた経験を活かして、採用や人材育成のアドバイスができる」「中小企業に特化した評価制度を構築できる」など独自のプランが必要だということです。

当時の私の場合で言うと、これから急務となる事業承継の課題を、外部機関と連携して解決するサービスを展開する経営計画を立案しました。これがよかった点は、**士業であっても独自性が出せる**点です。

特に資格を取得して独立する方は、独占業務があるがために独自性が出せず、独立しても鳴かず飛ばず……という方が少なくありません。そのような場合であっても、経営計画に独自性やオリジナリティを盛り込むことで、より自分のサービスをブラッシュアップしていくことができます。また、その際に多くの方からさまざまなアドバイスもいただけます。

次に、**お客様は誰なのかを明確にしていく**ことが必要です。多くのコンサルタントは、どのような人が自分の顧客かを明確にしていないことが意外と多いのです。

単に「中小企業」というくくりでは大分類すぎます。会社の規模、社員数、売上高、社長の年齢など、詳細に分類していきましょう。

我が社の場合は、年齢がキーポイントになります。私の前後10歳くらい（30～50歳）は、後継経営者が日本で一番多い年齢層です。その層の経営者の方を明確に意識した経営計画にしています。

04 1年で軌道に乗せるスタートダッシュ法

私の経験では、うまくいく方は独立・起業後、1年以内である程度の結果を残します。3年目にやっと芽が出て、うまくいったという方は、特に地域では少ないのではないかと思います。

これには理由があって、まだまだ地域ではコンサルタントが認知されていないので、3年と決めた下積みの時代が耐えられずお客様の会社に就職したり、実質、社外幹部社員になったりと、独自路線で続けることに見切りをつけて現実的な道に入るといったケースも含まれていると思われます。

そのため、私は我が社のスタッフには、面接時も入社後も「1年目がとても大切。1年できっかけがつかめないと、そのあと浮上することはないよ」と厳しく言い続けています。

私は、コンサルタントに大器晩成型はいないのではないかと思います。とにかく絶対、

1年以内に結果を出しましょう。以下、結果を出すには何を行なえばいいのかについて、お伝えしていきます。

①50社回った中から見込み先を発掘する

経営計画書を50社に提示していく中で、必ず経営計画が面白いと言ってくれたり、協力してくれる方が現われてきます。その伝手をたどって、コンサルティングの提案をできるように行動しましょう。

ちなみに私は、50社の中から2社お客様からの依頼をいただくことができました。もし、この段階で何も引き合いがないようならば、プランが面白くないか、会いに行く50人を間違ってしまっているのだと思います。このような時は、経営計画の再作成や、6章3項で説明する「人脈リスト」の入れ替えを行なって再度取り組んでみることです。

②3カ月以内にコンサルティング契約を必ず1社獲得する

見込み先向けに個別の提案書を作成して、契約を取りに行きます。当然、経験がないので難航しますが、こちらからお願いしてでも、最初の1社の契約を取るくらいのつもりでやってみることです。

私も最初に獲得したお客様は、2万円で契約をいただきました。提案書を書いて、社長に頼み込んでこぎつけた契約です。銀行員時代に何億円の融資案件や金額をビジネスにしていたのに、1万円稼ぐのにこんなにも大変なのかとつらくなりました。

最も、本当に自分はやっていけるのかと不安になる時期です。目標がとても実現可能だとは思えずに自信を失う時期ですので、料金は関係なくやらせていただく、興味のあるお客様に提案するなど、予定を無理にでもパンパンに詰めて行動していました。

③最初の3社を徹底的にコンサルテーションする

お客様と契約いただけたら、料金は二の次で、いろいろな角度からコンサルテーションを行なっていくことです。そして、最初の3社の契約を獲得するまでは、アポイントや提案を繰り返していきましょう。事業計画を提案する活動が広がっていくと、興味のあるお客様や潜在ニーズがある企業をご紹介いただけるようにもなってきますので、プレゼンも刺さるようになります。

もう一つ、この時期は後々とても重要な意味を持つ時期になります。今後、取引先が増えると、じっくり時間をかけてコンサルティングを行なう時間も少なくなるからです。
まずは3社、料金を考えずに費用度外視で支援を行なっていく。3社のみに集中できるのは、コンサルタントとしてはとてもよい環境です。自分が考えたコンサルティング手法が合っているかどうか、テストマーケティングの期間と位置づけて対応しましょう。

この3つをきちんとやっていくと、1年目、2年目、3年目と、お客様の数は増えていきます。私はこの流れを、「**好循環の波**」と呼んでいますが、今後お客様が増えても、組織化しても、このサイクルが源流です。もし、うまくいかなくなった時は、このサイクルに戻ってお客様対応を心がけていけば、次の波を起こせるようになります。

我が社も、最近では新しいサービスを次々に立ち上げていますが、最初の3社にはいまだに開発に協力していただいています。

05 コンサルティングを事業化していく

スタートアップ段階を通り過ぎて、何とか運営していけるようになった後、自社のサービスをさらに世に広めるには、どのように成長していけばいいでしょうか。

自分をブランド化し全国区を目指すか、業務を分担できるチーム化を図るか、2つの選択肢があると思いますが、私は迷わずチーム化を選びました。今後30年、この仕事を続けていくにあたって、知名度だけ上げていくことは自分には合っていないと思ったからです。

知名度を上げると、現場を持てなくなります。全国区のコンサルタントともなると、セミナーや講演会に多くの時間を費やします。セミナーや講演会だけでは中小企業を本当によくできないと思っていました。

私は、現場の数を減らすことは地域コンサルタントとしてすべきではないと考えています。チーム化・組織化は重要ですが、実務をすべて社員に任せるということは、いつの日か、その組織の設立当初の思いと大きく乖離していってしまうと思うからです。

企業は生き物ですので、よくも悪くも短期間で大きく変わります。そのため、現場を持たないということは、その変化に接する貴重な機会を失うことになります。だから地域を限定して、研鑽を積んでいくことが大切なのです。自分個人の知名度やブランディングより、会社として運営していくことのほうが、長い目で見て、私は安定した成長が見込めると考えています。

チーム化・組織化していくと、自分以外のことを考えるようになります。これが、最もサービスレベルの向上につながっていく要因となります。自分自身が経営者として、**サービスを受けている企業側と同じ課題を抱えることになる**からです。

そのため、我が社は「売上倍増」とか「対前期○%アップ」などという過度なキャッチコピーは使わないようにしています。そこにフォーカスしてお客様にアドバイスすることがいかに危険かを、自分たちが組織運営を行なっているうえで知っているからです。

チームになれば、深夜残業や休日出勤してまでお客様対応するということができなくなります。コンサルタント的には、「休みも関係なくやれ」ということが業界のルールかも

図 5　コンサルタントの成長戦略

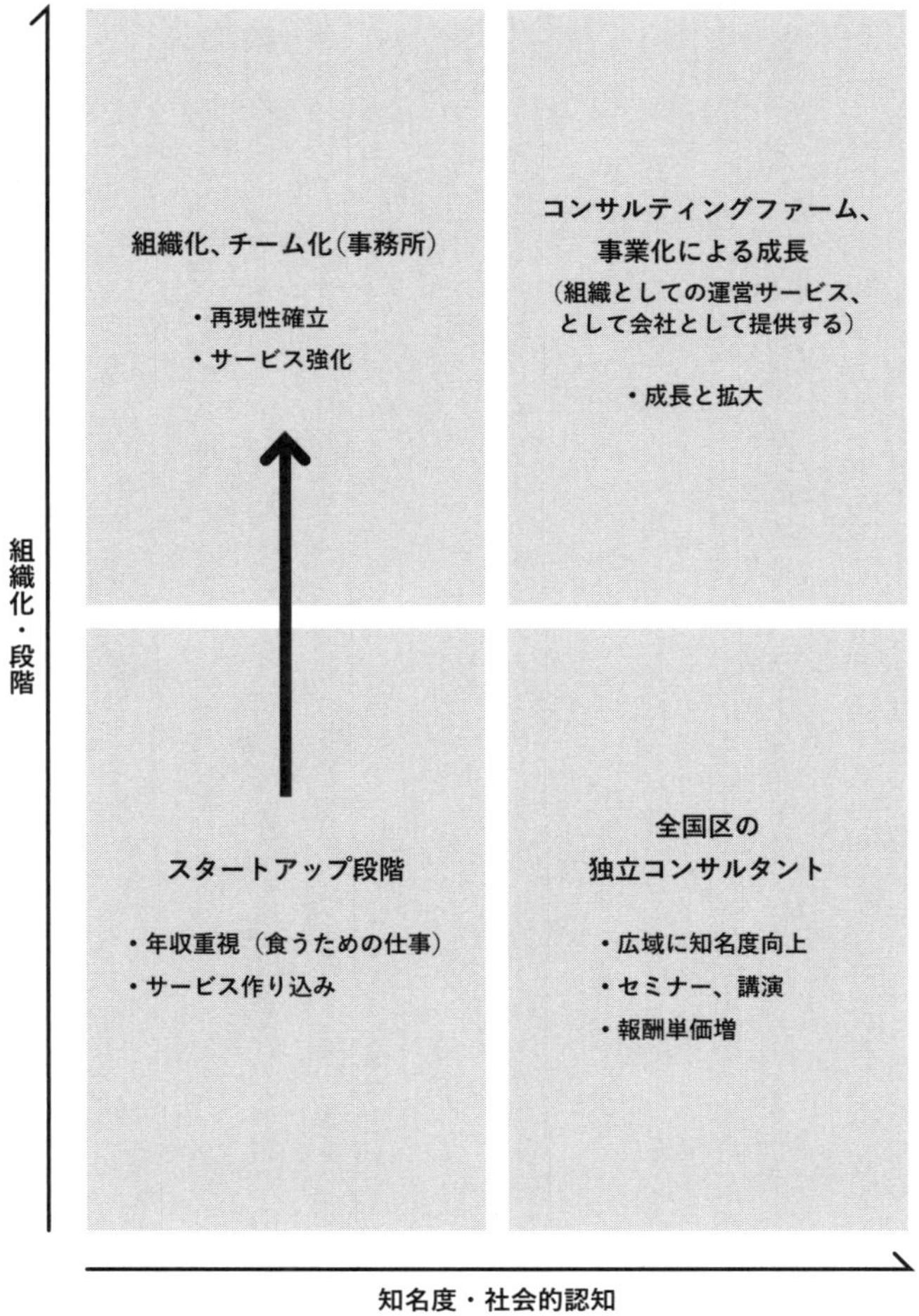

しれませんが、これを続けていては地域では会社が続いていきません。

この問題解決のために「工夫」が生まれます。これがチームでやる醍醐味です。こうした工夫が、高度かつ専門的な属人的サービスを超えていきます。そして、さらに多くのお客様を支援していけるようになります。

現在、我が社にはコンサルティング事業部、ＩＴ事業部合わせて約１００社の継続的なお客様がいらっしゃいます。これは一人ではなしえなかったことだと思います。

前ページ図のように、組織として、ファーム化や規模の拡大を図るうえでも、むしろ短期間で成長できると思います。それくらい、チーム化を早期から図ることは重要な判断になってきます。

地域でのやり方と東京から全国区になっていくやり方は、今後ますます大きな違いが出てくると思います。地域でのコンサルティングニーズは、これからも確実に伸びていくでしょう。事業承継によるＭ＆Ａ、事業の成長発展に資する各種サービス、財務管理代行、社員教育のコーチング、メンタルケアアドバイスなどのサービスを活用しながら、企業経営を合理的に行なっていく時代になっていくはずです。

4章

発展的な地域人脈をつくる

01 誰にも負けない武器の作り方

地域での活動は人脈を構築できるかどうかで、その後の展開が大きく変わってきます。しかし、地域の誰もが知るコンサルタントになるためには時間がかかります。まずは、「**お客様にどう認識してもらうか**」を考えることが必要です。自分の存在を知ってもらい、自分の価値を認識してもらわない限り、事業の継続もままなりません。少なくとも企業経営者の場合には、20〜100名くらいの経営者および、さまざまな分野のプロフェッショナルとの人脈を形成していくことを目指しましょう。

ここでいう人脈とは、**ビジネス上で協力し合える「よい人脈」**のことです。「よい人脈」は「よいビジネス」を引き寄せてくれますし、自分自身を向上させてくれます。

私自身もこれまで多くのピンチに遭遇しましたが、その都度、必ずこの「よい人脈」に助けられ、前に進んできました。異業種交流会などで名刺交換しただけで、一方的に知っている程度では人脈とは呼べません。お互いが会いたいと思った時に時間を作ってくれる。アドバイスや協力を惜しまない関係性だと捉えてください。

企業経営者や活躍しているビジネスパーソンは、自分にメリットのないこと、興味のないことに時間を使いません。何の特徴もない「コンサルタントA」のままでは、まず覚えてもらえません。そこで、覚えてもらうためにも自分の武器が必要です。

私の場合は、「事業承継」というキーワードを社名にも掲げたことで、覚えてもらいやすかったようです。また、金融、財務の知識やノウハウに関しては経営者から見ても価値があると思っていただけたのか、早い段階から人脈形成がうまくいき、「財務のことなら水沼さんに聞こう」と思われるようになっていきました。

また、私は「事業承継、財務、金融」というテーマで、いろいろな場面で自己紹介を行なっていました。どこに行っても、同じ内容で自己紹介していたので、この切り口が広がりを生んで、経営者の方から、知り合いの財務が苦手な経営者の方を紹介してもらえるケースも増えていきました。

大事なのは、「誰にも負けない武器」とは、これまでのキャリアの延長線上にしかないということです。

地域では人間的な魅力が欠かせない

人脈形成にもう一つ重要なファクターとして挙げられるものが、「**人間的な魅力**」です。知識、ノウハウはあっても人間的な魅力に欠ける人はうまくいきません。お客様でも成功している経営者は人間的な魅力がある方ばかりです。

例えて言うならば、「自分が、自分が」という人は程度が知れてしまい、誰からも相手にされなくなってしまいます。相手の気持ちを考えて行動できる人です。

地域では長い時間をかけて関係性を培いながら、事業を行なっていくことになります。人脈とはビジネス上でのつながりにおける有益なネットワークだと考えがちですが、決してそうではありません。ビジネスのために人脈があるのではなくて、人脈があってビジネスが成り立つのです。

そのためにはビジネス以前に、自分の周りで良好な人間関係を築けていることが前提で、その結果として、より高いレベルの人脈形成やビジネスにつながる人脈形成があります。

人脈形成が上手な人は必ず、自分の家族や友人も大切にしています。そのようなメンタリティの人には結果として、よい人脈を通してよい情報が集まるようになります。

長い目で見ると、プライベートがうまくいっていない経営者で、長期的に成功し続ける人はいません。地域では、人間的な魅力と、その周りの人との関係性が何よりも重要なのです。

02 信頼をベースにした人間関係づくり

地域コンサルティングの活動では、信頼を積み重ねることが最も重要な取り組みになります。これまでお客様になっていただいたケースを見ていくと、そのお客様が信頼している方からの紹介がほとんどでした。具体的には、経営者が信頼している銀行担当者、支援機関の職員の方、いつも経営相談に乗ってもらっている経営者などです。自分が重きを置いている方からのアドバイスだからこそ、我が社にご相談いただけたのだと思います。

したがって、人脈リストに挙げられている方々から十分な信頼を得られているかを随時確認をしながら、対応していかねばなりません。

よく「信用される」と言いますが、信用ではダメです。信用は「信じて用いる」と書きます。信頼は「信じて頼る」です。お互いにWIN-WINの関係が信頼関係です。お互いの信頼がないと、アドバイスをしても聞いてもらえませんし、何より心からのアドバイスができません。

また、我が社の場合、ご紹介先の方には、既に我が社がどういう会社か知っていただいているケースが多く、ご紹介いただく企業も年を重ねることに増えてきました。

我が社の定期的にサービス提供を行なっている、約100社の流入経路を調べると、約9割が紹介での取引開始となっています。つまり、地域では紹介をいかに広げていくかが事業継続のカギなのです。

いもづる式に広がる人間関係

人脈リストを数年つけていると、元は誰からの紹介かがわからないほど、枝葉が広がりを見せてきます。そこまで行けば、自然に人脈は広がり、さらに接点がさまざまなところで広がっていくので、結果として仕事にもつながっていきます。

それでは、信頼を得るにはどうしたらよいのかというと、**一見不利だと思う道を選択すること**です。具体的には、「儲かりそうだから」「知名度を向上させることができそうだから」といった道を選択しないということです。

自社のサービスより他社のサービスのほうがお客様に合っていると思ったら、そのサービスを勧めるべきです。また、価格についても地域に見合った価格がありますので、信頼が得られるかどうかを基準に考えていくことです。

信頼を得ることができれば、驚くほどに人脈は広がっていきます。事業ですので適正な儲けを出すことは絶対条件ですが、儲けを目的にしないということです。

じっくり時間をかけて人脈を広げていくことで、さらにさまざまな機関と関係性を持つことができます。そして、コツコツと広げていくと、臨界点を超える時が来ます。臨界点とは、どこにでも知り合いがいたり、認知度が行き渡った状況です。つまり、**自然に口コミが発生する**という状態です。

どこに行っても「○○の分野であれば、あの人」と紹介されるようになったら、スタッフを増やしたり、サービスの領域を拡充させやすくなります。

信頼をベースにすることで得られる効果

コンサルティング業はサービス業ですので、クレームや苦情は当然起こりえます。しかし、その原因はサービス内容についてではなく、確実に約束を守らなかった、前回の面談時のタスクを予定通りに行なっていなかったなど、相手から見たら、ごく基本なことができていなかったケースがほとんどです。

我が社では、**人格形成→知識・スキル→人脈コンサルティング能力**という優先順位で、コンサルタント評価の指標を作成しています。

- **約束や時間を必ず守る**
- **人生の目標やビジョンを決めて、毎年、半年の目標設定を行なう**
- **家族、知人、会社の仲間など身近な人を大切にしているか**
- **期間を決めて、プライベートも含めた人生の振り返りを行なっているか**

これらは人格形成に該当するチェック項目の一部ですが、これらを守れていないと信頼関係の構築はうまくいかず、サービスレベルの低下にもつながっていくと思っています。

地域コンサルタントは、あくまで地域ありきです。自分のための仕事になっていった時点で、我々は地域から必要とされなくなってしまうでしょう。

信頼をベースにすることで、コンサルタントとしても安心してサービス提供が可能になり、お互いの生産性が向上します。また、上下関係のない関係性が築けるので、お金だけの関係ではなくなります。

おかげさまで、お客様からは「サクシードの事例企業になれるようによくしていきます」「水沼さんには、地元のコンサルとして、最も我が社を知っている存在でいてください」と言っていただいています。他のコンサルティング会社に部分的な業務で依頼をしても、我が社は別な存在として契約を解除されることはごく稀です。

通常はコンサルティング会社が新しく入れば、前任のコンサルタントは変えられてしまうものですが、「今度このセミナーに行ってきますが、資料をもらってくるので、一緒に導入を検討してください」「コンサルティングの面談時に立ち会ってください」と、コンサルタントがコンサルタントの提案を一緒に聞くという奇妙な場面が生まれることもあります。

我が社は分野特化型の地域コンサルタントですから、お客様もそれを理解してくれていて、同業者に部分業務を依頼する際にも、事前に相談してくれます。信頼をベースにしているからこそ、そう言ってくれているのだと思います。

03 地域で成果を習慣化する

人脈形成に一定の成果が出始めたら、次のキーワードは「**習慣化**」です。人脈は直接取引につながるわけではありませんし、お客様を紹介してくれる都合のいい手段でもありません。そのため、通常業務とは別で、自己投資で形成を図ることがポイントです。

さらに、お客様が増えてくると、人脈形成のお付き合いや、定期的な接点づくりがおろそかにあることがあります。そのため、自然に人脈形成が広がる習慣を作っていくことが重要です。これができないと、仕事がある時は忙しくて、人脈形成の活動がおろそかになる。おろそかになると仕事がなくなるので、また人脈形成にいそしむ……といった活動を繰り返していかなければなりません。

習慣とは、毎日の歯磨きのように、無意識にその活動ができる領域に人脈形成活動を仕向けていくことです。我が社もこれらの活動を通して、今では地域の多くの経営者の方に知っていただけるようになりました。また、人脈の中から定期的に、ご紹介や面談依頼をいただくようになってきました。

無意識にこの活動を続けていくことで、小さな成果が生まれます。その後、成果は大きく花開いていきます。関係性が広がることで、より一層の発展につながっていきます。その結果、**お客様を次から次へとご紹介いただける好循環**に入っていきます。

営業を行なわずにお客様が増えていくことは、コンサルタント業で事業化を図る際に重要な点になってきます。地域での成果は見えにくいものです。売上や利益を成果にするのはわかりやすいですが、我が社は短期的には「売上○倍」「利益率○%アップ」したいというお客様には、提案までは行なっても、最終的には「お客様の選択で決めてください」と無理な営業を行なわないようにしています。

短期的な視点で業績を向上させるコンサルティングプランは、今の地域におけるビジネスでは自殺行為に近いものです。社長はやる気満々でも、社員は「少ない人員の中でそんなことまで……」と心では賛同してくれません。

人脈の深さと広さ

「人は深く付き合える人数には限りがあるし、定期的に接点を持つなど努力をしていかないと、長続きしない。花や木と一緒で水や肥料をやり続けないと枯れてしまうものだ」

これは、かつてある経営者に教えていただいた言葉です。人脈を構築しても長く続けられなければ、地域においては発展途上国でも問題になる「焼き畑農業」に等しいでしょう。努力して人脈を築いたのに、その後の対応次第で人脈と呼べない関係性になってしまうことも多いものです。

人脈をうまく発展させる方は、共通して、定期的な接点づくりや人脈リストの入れ替えを行ない、自分の成長に合わせてこれまでの人脈を維持・発展させています。当然、常に接点を持てる範囲には限界がありますし、考えが変わって合わないと感じて距離ができるケースもあります。お互いに次のステージに行くために離れていくことは仕方のないことですが、ケア不足で人脈を失うことは避けたいところです。

人脈には深さと広さがあります。特定の人と深い関係性を築くと共に、その周囲に広げ

図6　人脈の深さと広さ

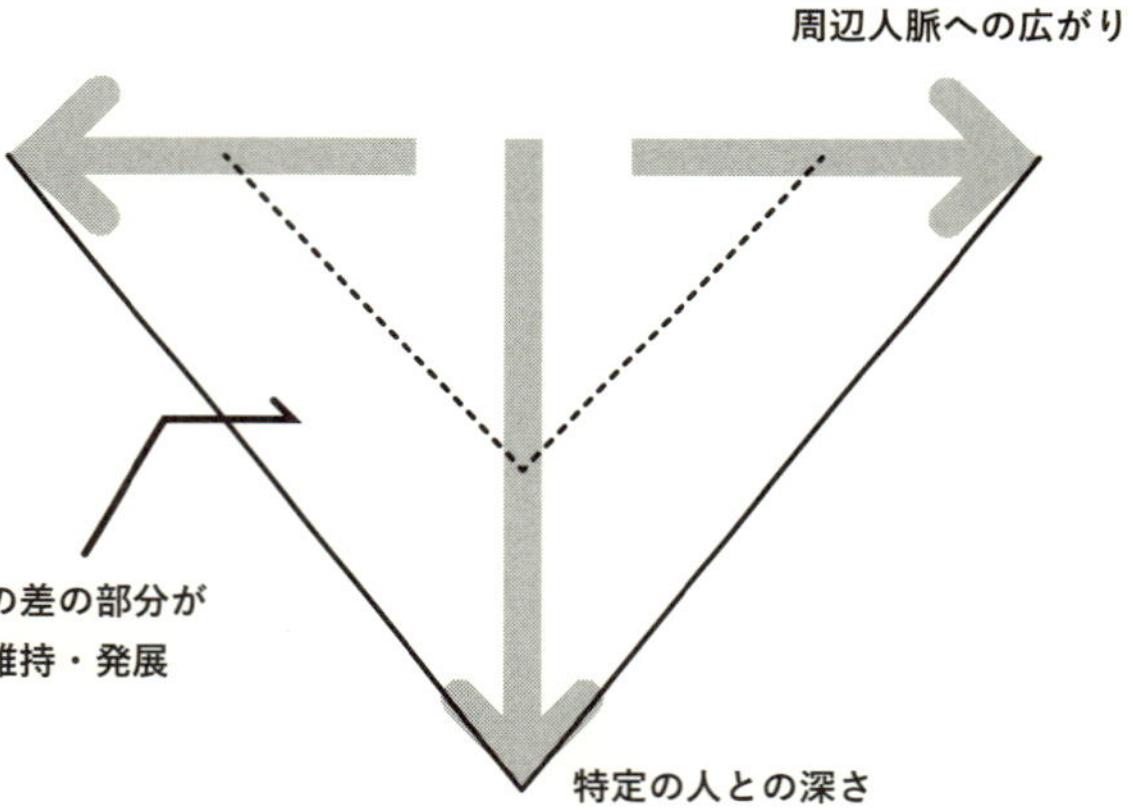

ていくことで、その人との関係性もより深くなります。地域では常に深める努力と広げる努力の両方を行なっていく必要があります。コンサルタント業は終わりのない人脈構築の連続とも言えます。

相手に必要とされるために、より自己成長を図ることが求められます。お客様である経営者も長期にわたって取引していると、相手の成長スピードに追いつけなくなるほど伸びる方も出てきます。こちらも常に必要とされるよう、自分に負荷をかけなければいけません。また、人脈の広さを追い求めることで、新たな情報や知識を得ることが可能になります。

そのためには、自分の強みを人脈形成

した方々に認めていただく必要があります。「○○なら水沼さんが強い」と、自分の強みをそれぞれのシーンで思い出してもらえるように、自分の資格や専門分野から、さらに強みを磨いておくことが重要です。時間軸で人脈に広がりと深さを築くことができれば、地域において人脈は複合的な広がりを見せていきます。

カギは担当者ベースの地域経営支援ネットワーク

国はこれまでになく、地域の企業やそれぞれの業界に対して公的な支援施策を展開しており、大変充実しています。その関係機関は、地域にはたくさんあります。

・行政（都道府県・市町村）
・大学、大学院等（企業との連携窓口を設けている大学）
・国、都道府県の支援機関（支援センター、財団、よろず支援拠点）
・商工会議所、商工会
・地域金融機関、銀行
・業界組合、業界団体

支援施策には非常によい内容のものもありますので、長期的に信頼関係を築いているお客様や、事業計画の中に既に盛り込まれている事業で、公的支援を活用したいというご依頼には役割としてお答えするようにしています。

まじめに事業を行なっている企業にとっては大きなチャンスになりますので、しっかりとサポートしていきましょう。

今後、ますます企業側から「**地域における経営支援のハブ機能**」としてコンサルタントに対するニーズは高まってくると思っています。

我が社の強みは、独自に作り上げた地域の経営支援ネットワークです。ここには金融機関や同業者であるコンサルティング会社、行政や大学なども含まれます。我が社のお客様には、必要に応じてこれらの機関と連携した支援や、活用できる公的な支援施策を提案しながら地域に密着したサポートを行なっています。

資金調達のニーズがある会社の相談では、事業計画書を策定して、各金融機関や最近ではファンド会社等に相談をしながらお客様のサポートを行なったり、それぞれの業界団体や行政からの依頼で企業支援を行なうケースも多いです。

図 7　サクシードの経営支援ネットワーク

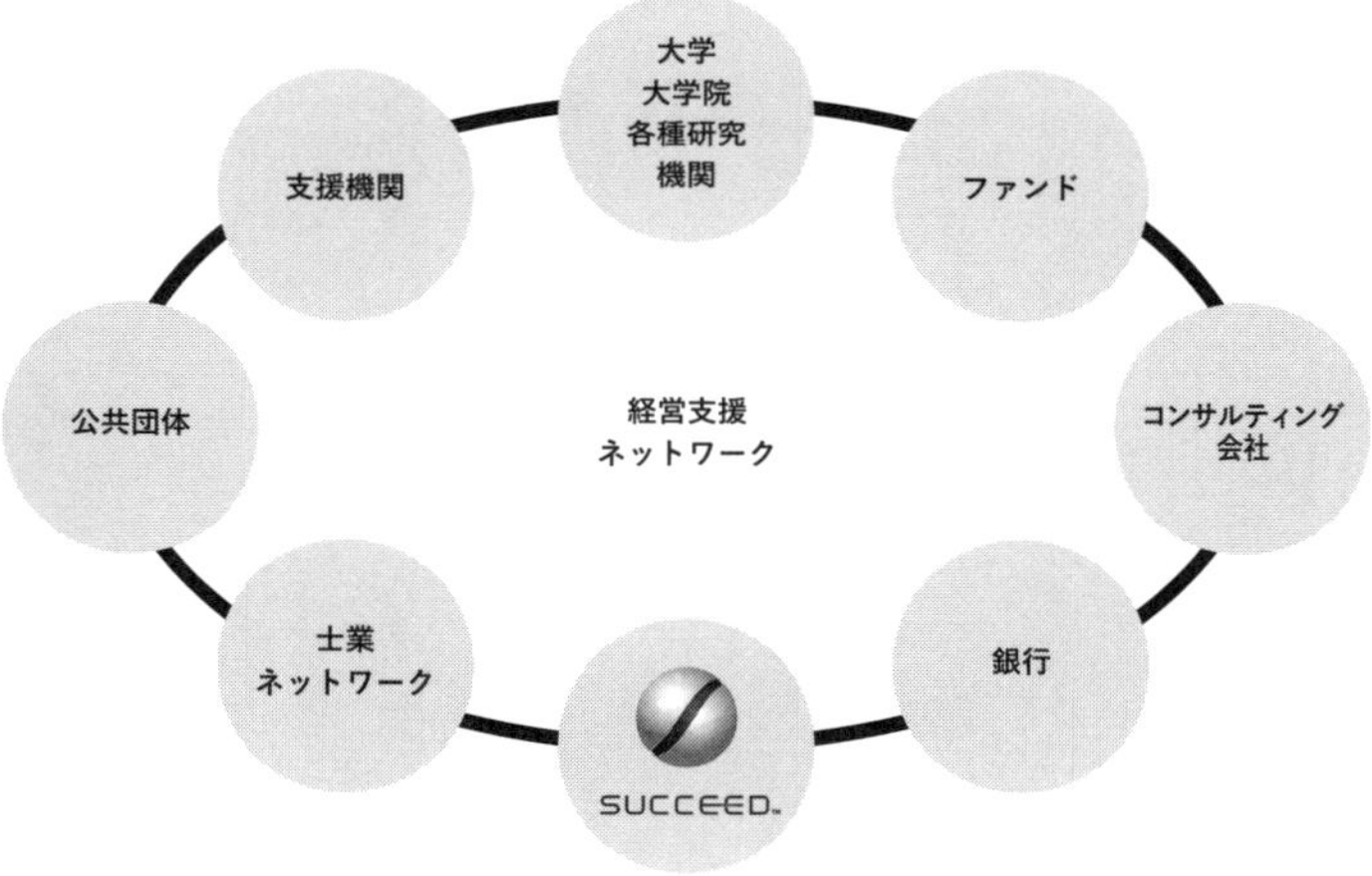

それぞれの機関とは、**担当者ベースで関係性を構築**していきましょう。担当者ベースで情報交換を行なうことで、通常の情報以外にも、実際の制度の運用に際してのアドバイスやポイントを共有することも可能になってきます。

我が社は、地域のそれぞれの金融機関や公的機関の担当者の方から情報が入ってくる仕組みを構築しています。何かあったら電話で相談できる間柄なので、心強いネットワークです。

さらに、地域は人でつながっていると感じるのは、それぞれの機関から思い出したかのように、「○○で知っている人いないかな」「この分野で水沼さんの知り合いの専門家がいないかな」「○○を作れる工場を知らないかな」といった連絡をいただく時です。すべてに対応できるわけではありませんが、そのような相談にも、ネットワークがあることで常に応えていくことが可能になります。

支援機関は経営者からとっつきにくいと思われがちです。せっかくの支援施策があってもなかなか周知されず、活用しているのはいつも同じ顔ぶれの会社となるため、そうした施策をお客様に告知して広めていくことは、支援機関にも歓迎されます。

まずはきっかけづくりから始めましょう。日々のお客様とのやり取りの中で、お客様が興味のありそうなテーマを設定して、その分野で「地域の支援機関に相談してみては」と声をかけるのもよいでしょう。制度について詳しく説明してくれます。

また、情報交換は、もらうよりもこちらから与えることが重要です。担当者レベルで、こちらの情報やお客様の相談事案を先方に相談してみるのがよいでしょう。こちらから「お土産を持っていく」という姿勢が必要です。それぞれの支援機関は組織的に連携しているように見えても、実務的には、担当者ベースでのつながりが必要になってきます。

図8　密な連携が必要になる士業・専門家

士業・専門家	専門分野
税理士、公認会計士	創業、財務、税務、相続関連
弁護士	企業法務、労使紛争
司法書士	創業、相続、出資、企業再生、関連登記
社会保険労務士	労使紛争、労務関係
中小企業診断士	経営計画、各種申請書作成、マネジメント関連
人事コンサルタント	採用、教育、評価制度
企業再生コンサルタント	企業再生、資金繰り、財務、金融
IT コンサルタント	WEB 戦略、IT 投資、システム運用、情報統制

専門家、士業との連携

上図は、密な連携が必要になる士業や専門家とその分野です。少なくとも地域でコンサルティングを行なう際にはこれらの専門家とはネットワークを作っておくことが重要になってきます。

また、それぞれの専門家は知っていても、いざ相談する段階で意見を求められることもしばしばあります。それぞれの方がどのような分野が強みで得意かも、日ごろの関係づくりの中で知っておくとよいでしょう。

自分のお客様から自分の専門領域を超

えた相談をされることは、それだけ信頼されているという証です。しかし、一から十までこちらで対応するのは難しいことです。法律や税務の相談はそれぞれ士業の専門家に相談することになります。

専門家に相談したら、その方にお任せして、**自分はコーディネート役に徹することが地域のハブ機能としては重要な点**です。

同じ分野の専門家、士業でもレベルはまちまちです。大切なお客様を紹介する以上は信頼に足る専門家でなければいけません。そのためにも、少しずつでもよいので、専門家のネットワークを構築していきましょう。

その過程で地域での活動実績や同業者などからの評価なども参考にするとよいでしょう。年齢の若い士業の方は、どの分野でも最新の業界動向をつかんでいるので、相談にも適した回答ができそうです。

04 自社主催の無料勉強会を持つ

コンサルティング業のよい点は、セミナーや勉強会を開催して関係性を築いていける業種ということです。他の業種の方がセミナーや勉強会を実施すると必ず、何か裏があるのではないかとか、売名行為を始めたと地域の方からは揶揄されます。

その点、我々コンサルタントの場合はもともと本業ですので、むしろ積極的に取り組むべきです。しかし、支援機関でも積極的にセミナーを行なっているので、主催する場合は差別化を図ったり、集客を工夫するなどのプロセスが必要となります。

自分の考えを広める、思いを伝えるには、個別のコンサルティング活動だけでは限界もあります。しかし今は、SNS等で情報が発信できる環境が揃っているため、勉強会を主催して一気に地域に自分の存在を知ってもらう取り組みができます。

勉強会を主催するというと、なかなか敷居が高いように思います。確かに、毎回継続的に人を集めるのはとても大変なことです。まして、知名度のない段階で「セミナーをやるので、参加してください」と言っても、簡単に人が集まるほど、世間は甘くはありません。

しかし、セミナーや勉強会を開催するのは早ければ早いほうがよいと思います。毎回の内容を決めたり、集客を考えると大変ですが、数回継続的に開催して価値が伝われば、参加者が誰かを誘って参加してくれるようになってきます。

次に、勉強会を主催する時のポイントをお伝えしていきます。

● 最初は４名を集める

チラシを配っても、来てくれる方はごく少数でしょう。フェイスブックなどのＳＮＳを使っても、今はさほど人は集まりません。まずは、知人やお客様４名を集めて開催することを目指しましょう。４名いれば、会として成り立ちます。また、参加者同士の交流も可能になります。自分の思いや考え方に賛同してくれる方を、まずは４名集めてください。

私自身、「SUCCEED CAFE」という勉強会を隔月で開催しており、９年経ってみると大きな成果となりました。最初はお客様や知り合いの経営者４名からスタートしましたが、延べ数百名の経営者、経営幹部に参加していただける会となりました。その結果、現在は「とちぎ経営人財塾」という我が社の地域貢献事業に発展させることができました。

●後継経営者の悩みに共感する

無名のコンサルティング会社が主催する勉強会がなぜ、続いたのか。多くの参加者を募ることができたのか。それは、参加者の共通の悩みにフォーカスしたからだと思います。参加者の年齢が比較的、自分と近かったことから、事業承継や、後継経営者の悩みを共有できるテーマを毎回設定して運営しました。そのため、ビジネスマッチング率がとても高くなり、参加者が参加者を呼んでくださる会に成長していきました。

●何か共通のテーマ設定を行なう

参加者同士の共通の課題や悩みをテーマに選ぶことで、参加者同士が経営課題や置かれている立場をシェアしてくれるようになってきます。例えば、後継経営者の多くは親族や社員との関係で常に悩みを抱えています。こうした悩みをシェアするようなテーマを設定して勉強会を組み立てるなど、他ではできない勉強を企画することで会を継続していくことが可能になります。

●参加者に講師をしてもらう

参加者に自社の紹介や新商品をプレゼンテーションしてもらうことで、結びつきを強めることができます。また、参加者に講師として人前でプレゼンしてもらうことは自社の取り組みを見つめ直すよい機会にもなります。こうした結びつきが強くなることで、さらに会は盛り上がりを持って広がっていきます。

今では、地方創生のもと、さまざまな団体や機関がセミナーや塾などを開催しています。それらとの差別化を図るためには、日々の活動との関連づけが不可欠です。日々のコンサルティング活動の中で、行政やその他団体よりも、お客様の課題や経営資源や置かれている立場を熟知することができます。その点を活かすことです。

つまり、実際の実務や自社のメリットにつながるような運営を心がけていくことです。例えば、食品製造業であれば販路の拡大をサポートするなど、地域で活動していることが何よりの強みになってきます。

5章

地域に合ったサービスをつくる

01 会社別の状況に合わせたセミカスタマイズ

地域にサービスを広げていくには、コンサルティング実績の数を増やす必要があります。医者で言うと、手術数の実績です。この実績が多ければ多いほど、お客様との接点の増加につながり、信用も上がります。

さらに、**地域の中小企業に合ったサービスを構築する**ことが重要です。ここが大手企業を対象にコンサルティングを行なっている会社とは大きく異なる点になります。「大手のコンサル会社に頼んだけど、うちには合わなかった」と依頼していただくケースはしばしばあります。

お客様と長くお付き合いすることで、**サービスのセミカスタマイズ**が可能になります。

例えば、社内で幹部研修を行なうにしても、参加する幹部の皆様の背景を把握し、課題に合わせたテーマや研修メニューを用意すれば、その成果に大きな影響を及ぼします。長くお付き合いを続けていくことで、状況や課題をより明確につかむことが可能となり、結果的に質の高いサービス提供につながります。

セミカスタマイズというと、効率化とは相反するように思うかもしれません。しかし、サービスにお客様を合わせるのではなく、お客様にサービスを合わせる一手間をかけることで、独自のサービスに磨き上げることができるのです。

サービスをフォーマット化していく

コンサルタントは、どうしても個人の実績、スキル、能力といった点にフォーカスされがちですが、地域の企業が抱えている課題は複合的かつ多面的で、さまざまな分野にまたがっています。そのため、広い分野をスタッフとチームを組んで、サービスを提供していったほうが、より多くのお客様の課題解決につながります。

組織化を始めたころは、スタッフに対して、「どうして、こんなことができないんだ」「これくらいの相談は自分で対応できるのでは」と思ってしまうことがありました。そんな時、「地域でコンサル業の組織化は無理だよ」と多くの経営者から言われたことを思い出します。

私は逆に、それを可能にすれば、会社はより成長するだろうと確信めいたものが芽生えました。コンサル業でも再現性を高めたり、ワークフローを工夫することで、スタッフが活躍できる職場ができるのでは、という仮説を立てて実践したのです。

再現性と品質を両立させるためには、**業務の工程を分けて、分析や解決策を短時間でアウトプットできるようにする**ことが必要です。複雑な業務でも、単純作業に近いところまで細分化して、他の人でもできるようにフォーマット化をしていくのです。

この時、自分一人で構築しようとしないことです。コンサルタントになるような人は飲み込みが早く、複雑な作業を複雑なままでこなせてしまう傾向にあるので、誰でもできるような仕組みを自分で作ったり、身内に教えることが下手な場合も多いです。そのため、スタッフと共に仕組みを構築しながら、進める必要があります。そうすることで、「ああ、ここでつまずくのか」「こんなやり方もあるのか」という気づきも生まれます。

さらに、これを繰り返すことで改善活動にもつながり、時間が経つと自分が最初に作成したフォーマットや分析ツールよりも、はるかによいものができあがります。

図 9　サービスのフォーマット化

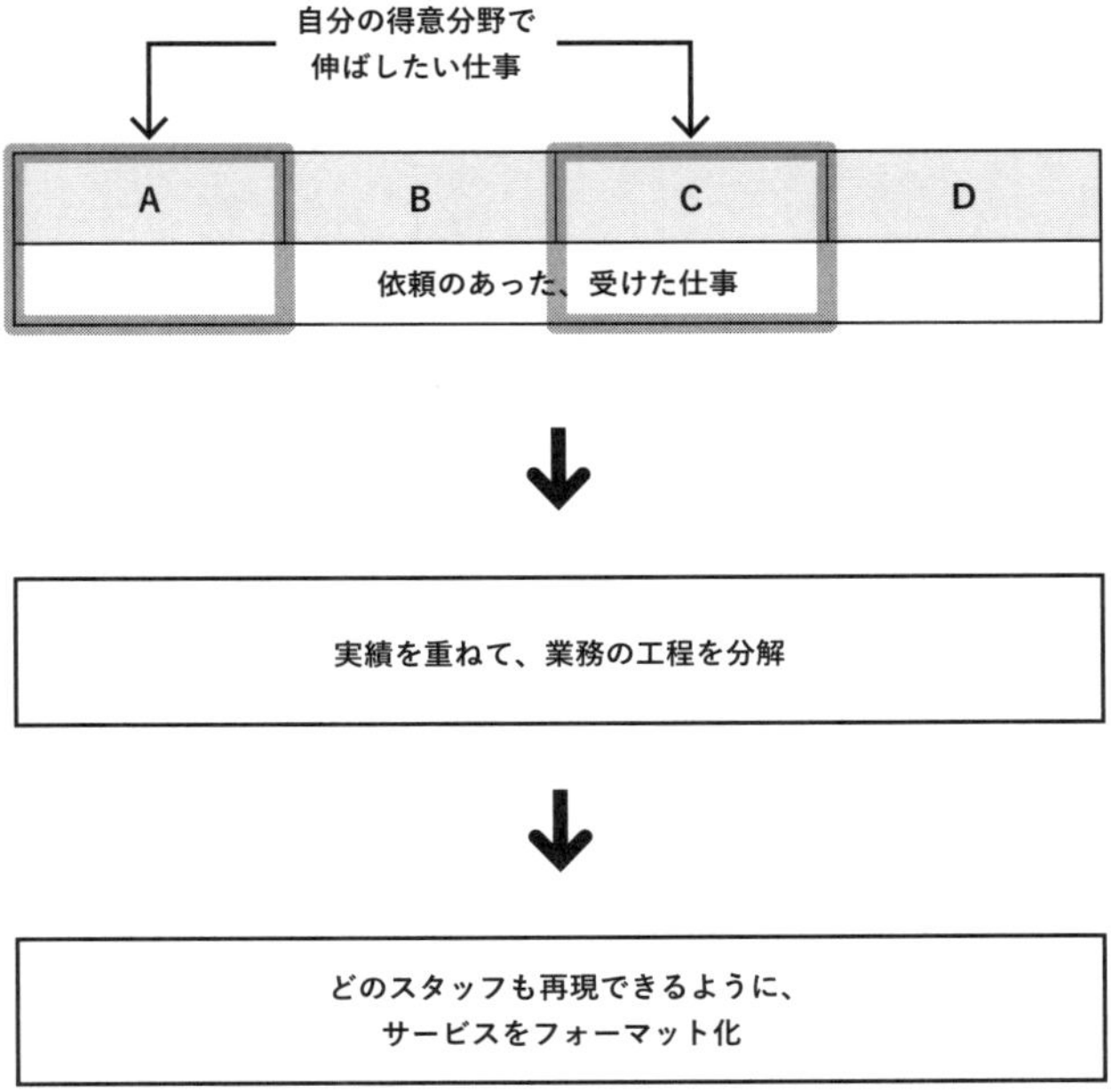

我が社のセミカスタマイズ事例：単年度財務計画シート

我が社のサービスの中には、会社の財務目標に対するモニタリングを細かく実施するために、単年度財務計画を策定するサービスがあります。この「単年度財務計画シート」は、社内に独自のフォーマットがあり、コンサルタントを中心にアシスタント職と共同で策定していきます。

業種に特化しない方針の我が社は、お客様の業種業態によってポイントとなる財務指標が異なるため、会社ごとにセミカスタマイズが必要となります。セミカスタマイズする際には、コンサルタント職とアシスタント職の間では、次のような会話が行なわれます。

コンサルタント「このお客様は、材料費と外注費が大きなポイントになります」

アシスタント「なるほど。その2つの費用は、金額と構成比率の、どちらが重要ですか」

コンサルタント「売上によって変動するので、構成比率のほうが重要でしょう。協力業者別に、どれくらい発注金額の差があるのかわかるようにすると、もっといいですね」

アシスタント「わかりました。通常のフォーマットに追加して、費用の構成比率の推移表と、協力業者別の金額がモニタリングできるようにシートを追加してみます」

このような打ち合わせを通じて、お客様に合ったセミカスタマイズを実現しています。こうして、コンサルティングメソッドを定型化しつつ、セミカスタマイズでお客様のニーズにも対応できる柔軟性を持たせることで、より中身を磨こう、コンテンツ化を図ろうなど、いい意味での効率化が図れてきます。

赤字にしないように、しかも短時間でやれるようにというそれぞれの努力が、地域で再現性の高い、よいサービスを生み出していきます。

02 創造的コンサルティング業務を目指す

既に述べた通り、地域での士業の独占的業務の優位性は、既に崩壊しています。我が社では、さまざまな士業の皆様に仕事をお願いしたり、ご紹介をさせていただいていますが、どの業界も狭く、仕事の奪い合いになっているなと感じています。

しかも、多くの士業の稼ぎどころである独占的業務の多くは定型的な業務であることから、コストフルで労力が高い割には価値が高いとは見なされません。多くの依頼者もこのことに気づいてきており、**独占業務であればあるほど、ネットでの低価格な新興勢力との競争になっています**。

最近では競争が行きすぎて、士業の事務所で働く社員のモチベーションの低下は著しいとつくづく感じます。

図 10　定型的業務と創造的業務

定型的業務	創造的業務
過去～現在	未来志向
ルールに基づいている	ルールはない
確実	不確実
保守的	破壊的
マニュアル	やりながら形ができる
解答がある	解答がない

若くて成長意識の高い経営者ほど、使える専門家やコンサルタントを周囲に揃えようと思っています。自分でもよく勉強しているので、こちらも気を抜くと、追い越されてしまいます。昔ながらの「先生稼業」のスタイルは早晩なくなっていくでしょう。

そこで必要になってくるのが、「**創造的業務**」です。創造的業務とは、未来志向のサービスです。

コンサルティング業は、古い価値観を変えて、未来をよくしていく業務です。サービスを独自に構築することができますが、創造的業務を行なえる士業や専門家は、地域では圧倒的に不足しています。

複雑な事業承継課題を会社の内部に入り込み、各人の利害調整を含め、信頼を得ながらやっていける専門家や、出資や資本政策に関して法的な側面からアドバイスできる専門家はなかなかいません。

我が社では、提供しているサービスを「**お客様の未来を創造する諸活動**」と定義しています。そのため、すべてのサービスが未来志向です。経営計画は未来を現段階で可視化したサービスですし、ＩＴコンサルタントも新規事業や新サービスを告知・ＰＲするツールとしてオーダーをいただいています。

創造的コンサルティング業務の種類

それでは、具体的にどんなサービスが創造的コンサルティング業務に該当するのでしょうか。我が社では、「**自社独自の価値観に基づく、お客様の課題解決を目的とした未来志向の業務**」と定義しています。一見、競争が激しいように思えますが、個性を打ち出すほど競合しないのが専門分野の特徴だと思います。

いくつか、そのアイデアをご紹介しましょう。

①経営計画の策定、社内シェア

現場改善でも営業強化でも、未来に向けて行動プランを作り、企業と一緒に解決を図ることも創造的な業務に位置づけられます。経営計画の策定などもこの分野に入ります。

同時に、コストを下げて生産性を上げていくことが企業には求められています。「お客様がやりたいことを形にすると、将来的にはこのような成果が出るでしょう」といったアドバイスは、お客様から喜ばれます。

②新規事業の立ち上げ

お客様の新しい事業の立上げサポートなども創造的業務に入ります。この業務では、計画立案やそれぞれの業種に詳しいコンサルタントの活躍が期待されます。また、ビジネスマッチングなどもそれらの際に行なえるとより価値が高まります。

我が社のお客様には、「市場から求められる商品・サービスは変化していきます。新規事業の立ち上げは常に意識しましょう」とお伝えしています。その結果、地元新聞や全国紙の地方欄に取り上げられるなど、必ず毎週1社はお客様の記事が掲載されています。

③社員教育

社員教育も重要な創造的な業務です。今後地域では人が確保できない企業が多くなってきますので、今いる人材をどのように戦力にしていくかについて、時間をかける企業が増えています。中小企業に特化した人材育成の機関などは年々、ニーズが増加しています。

我が社の社員教育サービスの方針は、考える組織を作るということです。中小企業でよく見られるトップダウンでは、現場レベルでの業務改善サイクルは生まれません。自ら効率化を目指すなど、常に考えている状態を作り出すように心がけています。

それぞれが、我が社が実際に、お客様と一緒に考えてサービス化してきた業務です。これらをコンサルタント7名で提供しているので、よくびっくりされます。個々人の対応力が高いのもありますが、最大の要因は、チームで対応しているので到達可能になっているということです。さらに、**紹介によりお客様が増え続けており、開拓活動やPRに力をそれほど入れなくてもよいので、顧客サービスに全員が力を集中できます。**

地域ではお客様との距離感が近いので、何かと「お互い様」の関係を築くことになっていきます。お客様の課題を、お客様自身を巻き込んでサービス化していく視点が大切です。

03 BtoBを起点にサービスを構築する

地域における事業構築は、間違いなく**BtoBビジネスから始めたほうが立ち上げやすい**側面があります。飲食店や美容室などの個人向け限定でサービス提供する業態は別として、会社をお客様にしていかないと、運営に足る売上や収益を確保できません。つまり、地域においては個人客の比率や、事業の収益性が都市部とは異なるということです。

特にコンサルティングサービスでは、個人でお金を支払うといった経験はまだまだ少ないため、個人向けのサービスであっても、最初は法人を対象に行なっていったほうが基盤を築きやすいのです。

会社も個人の集まりですので、個人向けのサービスを社員向けに展開するなどしていけば、仕事の広がりも得られます。個人向けであっても基盤ができるまではBtoBtoCのような形がよいでしょう。

サービスラインナップを組み立てる

さまざまなお客様に接してサービス提供を行なっているうちに、「こんなサービスはできませんか」「これもやってください」といった依頼が増えてきます。自分でできそうな仕事は当然依頼を受けることになります。その時に、**自社のラインナップとしてサービス化しておくことが大切**です。

例えば、セミナーの依頼から、実行段階での会社別支援をしてもらいたいとか、財務コンサルから、幹部に財務の知識をつけさせたいので、社内で勉強会を開催してもらいたいなどの要望がどんどん来ます。

こうしたお客様の潜在ニーズは、次のサービス構築の大きなヒントになります。**この潜在ニーズは、他のお客様にも当てはまることが多い課題ですので、サービス化すると喜ばれます**。これは大きなコンサルティング会社ではできない展開ですし、一人で活動していてはなかなか難しい取り組みだと思います。チームでコンサルティングを行なうことで可能になる取り組みです。

実際のサービス化には、お客様もサービス構築に関わっていただきます。当然、その会

図 11 BtoB でのサービス提供（例）

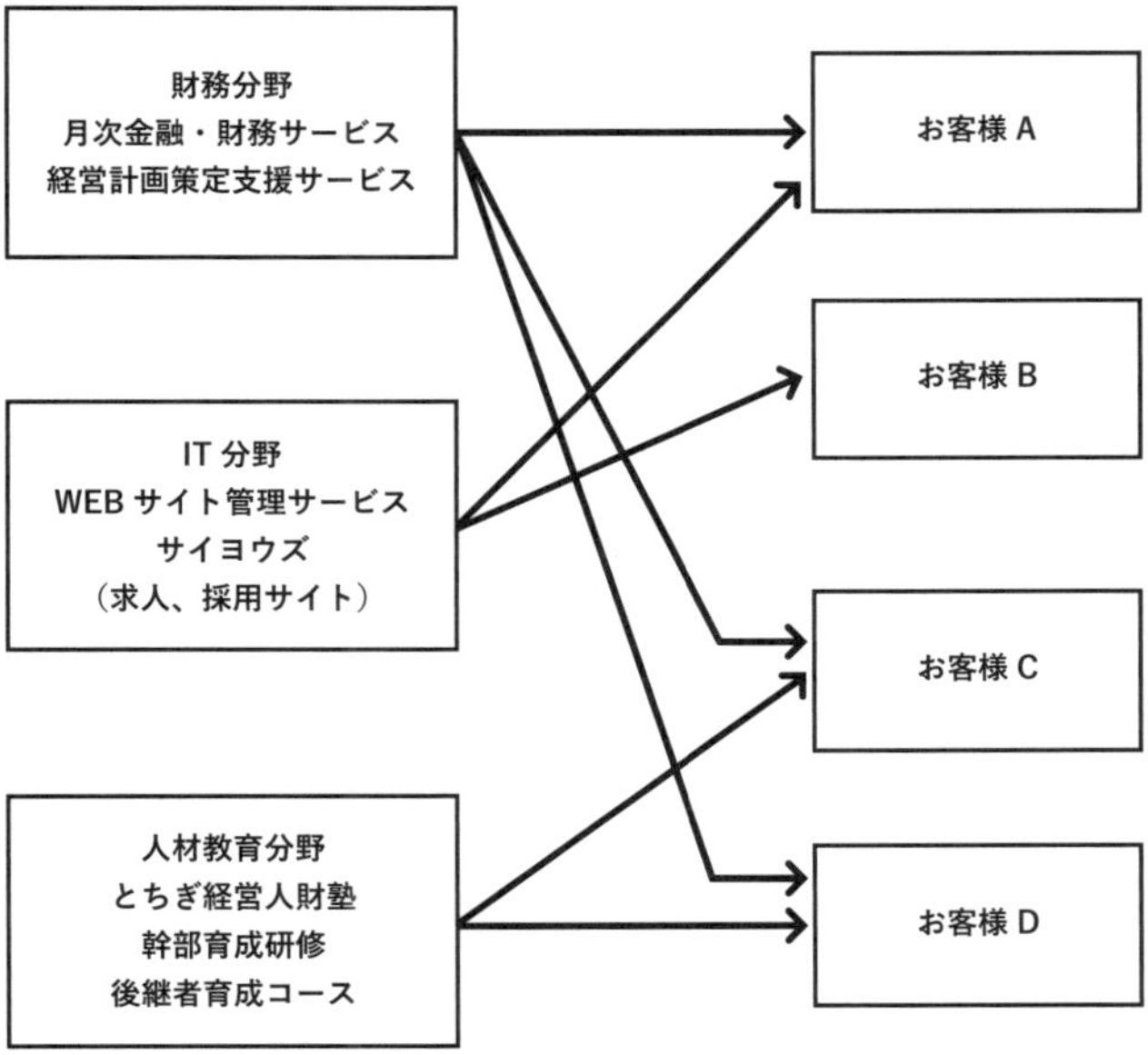

社で行なうわけですから、お客様からは熱心に「こうしてくれ」「ここは、こちらのほうがよい」というふうに意見が出て、内容がブラッシュアップされていきます。

コンサルティングはお客様の要望にただ応えるだけではなく、**他のお客様にも提供することを前提に内容を考えていく**ことが重要です。私自身、セミナーの資料作成にあれだけ時間をかけても、個別対応だけでやりっぱなし、コンサルティングでも個別要望に応えただけで体系化しないまま……ということも多くありました。サービス化は、スタッフが増えてきたことで可能になってきた取り組みの一つです。

また、スタッフの過去のキャリアで得意としていることを、サービスラインナップとして加えることも、有効な戦略です。例えば我が社では、動画作成コンテンツのキャリアを持ったスタッフにより、ＩＴ事業部として、「動画によるプロモーション作成」というサービスを作り出しました。

04 地域コンサルティングの2割は地域貢献業

我が社では、「**2割は収益を気にせず、地域に貢献できる仕事をする**」ということを、スタッフと共有しています。これは、採算度外視でお客様や地域のためになる仕事を行なうという意味です。

地域に必要な職人を育成する事業や福祉関連の事業など、コンサルティングを受けたくても費用が捻出できない方がいるのも現実です。そのような場合には、費用は関係なく受けるようにとルール決めをしています。地域コンサルタントは地域のために利害を抜きにしてその役割を果たさなければいけません。

地域では無料のコンサルを受けられる制度が一般化してきています。しかし、企業やお客様が自立して、よりよくなっていただくための存在である我々が、制度に依存しなければ存続できないというのは本末転倒な事態です。そうならないためにも、早い段階からお客様に契約をいただき、料金をいただく習慣をつけていくことが必要です。

我が社のスタッフは「ここはこういう理由で、社会的に必要とされている施設のため、この料金でやりたいと思います」「この事業は将来のサクシードのためになるので、無料でもいいと思います」と言ってきます。

そして、明日の資金繰りが苦しくて支払うお金もない状況で、誰にも相談できずアドバイスを求めてくるお客様もいらっしゃいます。そんな時は、本当によく来てくれたなと心から思います。消費者金融等に行く前に、我々に相談していただければ、いかようにもやりようがあります。スタッフは、「目の前に血を流している人がいるのに、放っておけるか」と言って、料金とは関係なしに、親身になってアドバイスしています。

その後、業績が回復して、きちんと契約を結んでいただいたお客様もいらっしゃいます。これは地域コンサルでなければできない地域限定サービスです。

そのため、仕事の2割は、地域貢献的なサービスを提供する心がけがとても重要になるのです。一定の割合でこのようなサービス提供を行なうメリットとして、この2割の仕事ではお客様に対して無理に営業をかけたり、数字のために活動する必要はありません。さらに、その他の8割の仕事でしっかり収益を上げるのだと自分を律する一つの理由にもなっています。

この2割は、決してその場だけでは終わりません。お客様との信頼が生まれ、紹介者やその周辺の方たちからの信頼も生まれます。これがいいイメージにつながり、ブランドにつながっています。この活動が源になって、地域の中堅優良企業がお客様になるケースも多いです。

これは、どんなビジネスにも必要な考え方だと思います。サービスできる量も限られている中で、一見非効率に見えるかもしれませんが、お客様がいなかった時代や1万円のフィーをいただくことをためらっていた時代を思い出すためにも、2割の地域貢献を社員にも推奨しています。

05

ハイブリット型で常に必要とされるサービスを提供する

地域でサービスを広げながら組織化を行なっていくには、あるコツがあります。それは「**ハイブリット型**」です。次ページの図は、コンサルタントの類型を専門性の高さとタスク量に応じて図式化したものです。

コンサルタントにはそれぞれの方法に合わせていろいろなスタイルがあります。○○についてテーマや期間を決めた「プロジェクト型」や、ある分野について専門的なアドバイスを提供する「顧問型」は、一般的にお客様に認知されている形態です。技術顧問、営業顧問など、特定の分野において期間を決めないで顧問契約を結ぶものです。

「プロジェクト型」は、業界1位のノウハウや、最新の手法について期間を決めてサポートしていくコンサルティング手法です。例えば、1年かけて人事評価制度を構築する、といった方法がこれに当たります。大手の業界特化、分野特化型のコンサルティング会社の

図12　コンサルタント業務の種類

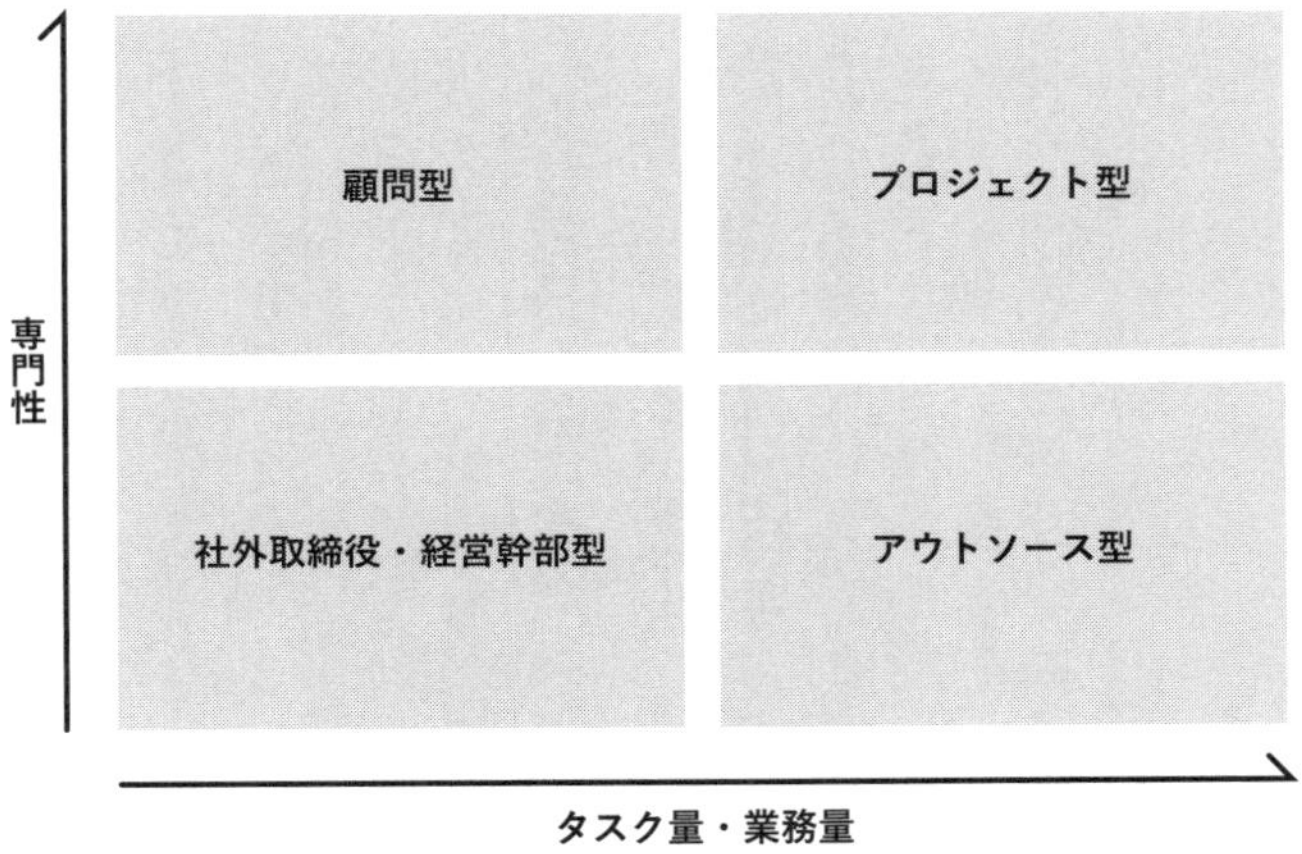

サービスはこちらに該当すると思います。

「アウトソース型」は、一定のスキルやノウハウが必要な、専門的なタスクを代行して業務を遂行するという契約形態です。

我が社においては企画書や提案書作成、資金調達の計画作成などのアウトソース業務を受託しています。中小企業には、やりたいと思ってもやれる人員が社内にいないケースが多いものです。そのため、その業務を、先方が対応可能になるまで、育成などを行ないながら、こちら側で請け負うことになります。

最後に、特定の分野における専門性が高く、会社のその他の分野について社内人材として相談を受ける「社外取締役・経営幹部型」が挙げられます。今後増えてくるのは、この領域のニーズです。特化型顧問よりも業界などに対する知識や人脈は少なくても、広範囲にわたって役割を求められます。

地域でのニーズは、いつでも専門的かつ広範囲な相談に応えられる「社外取締役・経営幹部型」、本社機能が拡充できない、または専門性を上げたいため、外部に委託する「アウトソース型」がこれから増えていきます。

そして、この部分をサービス提供しているコンサルティング会社は、地域ではほとんどありません。そのため、この両方を兼ねることができるコンサルタント会社はとても重宝されていくはずです。

我が社では、社外取締役としてＣＦＯや経営企画担当としての役割を果たしているケースも多々あります。まさに疑似役員的な立ち位置です。

大手のコンサルティングファームのように、部門が確立されていない地域コンサル会社では、バックオフィス部門をきちんと整備することが、サービスの手厚さやコンサルタントメンバーの業務負担を減らすことにつながります。また、地域で働く場所がないハイスペックな人材に、働き方を選択することで喜んでもらえます。

我が社ではこの部門があることで、より判断業務に注力したり、お客様のもとで時間を費やすことが可能になりました。一人でやっていたり、コンサルタント業務だけ行なっていると、せっかくの経験値やノウハウが社内に蓄積されません。

地域コンサルタントは**「社外取締役」×「アウトソース型」のハイブリット型**が、顧客満足を高めるうえでよい組み合わせとなります。これによって、サービスの厚みはより増していくでしょう。

06

絶妙な価格の設定方法

「値決めは経営」との言葉通り、目に見えないサービスを商品とする我々コンサルタントにとっても価格は重要な要素になります。また、中小企業をお客様にサービス提供している中で高くなく、安くもないという絶妙な価格設定を常に考えているのがこの部分です。

しかし、価格は多くのコンサルタント会社ではブラックボックスになっており、実際にサービス提供を受けない限り、知ることは難しいです。お客様がコンサルタントを利用したくても気軽に声をかけられないのも、この価格が明瞭ではないところにあると思います。

「ところで、料金はおいくらくらいかかるのですか」

最初にお声がけいただいた際に大抵、出る質問です。特に、初めてコンサルタントを依頼するお客様からすれば、基準もわからず不安なことでしょう。

我が社では新サービスを提供する際には、試行錯誤しながら価格を決めています。経験上、月次の価格については3万円、5万円、10万円で求められることが変わってきます。地域コンサルタントの場合、税理士や弁護士の顧問報酬と比べられやすいです。そのため、設定するサービスごとにAプラン、Bプランというようにサービス内容と金額を決めていくのがよいでしょう。

さらに、事業の基盤強化のためには継続サービスを構築して、定額の料金を一定期間継続していただく形にすることが必要です。これは、コンサルティングの効果を高めるうえでも重要になってきます。

しかし、お客様の利便性だけでは、事業としての運営は厳しくなります。そのため、我が社では「**お客様から見て使いやすく、自社のスタッフの賃金をきちんと支払えるに足る金額**」を毎回考えて設定しています。

そのため、価格設定は**月次でのベースサービス**と**単発でのスポットサービス**の2段階で設計していくことがベストです。

ここで言うベース料金とは、長期の契約の毎月入ってくる売上高のことです。継続的に

図 13　ベース事業の売上比率６割が理想

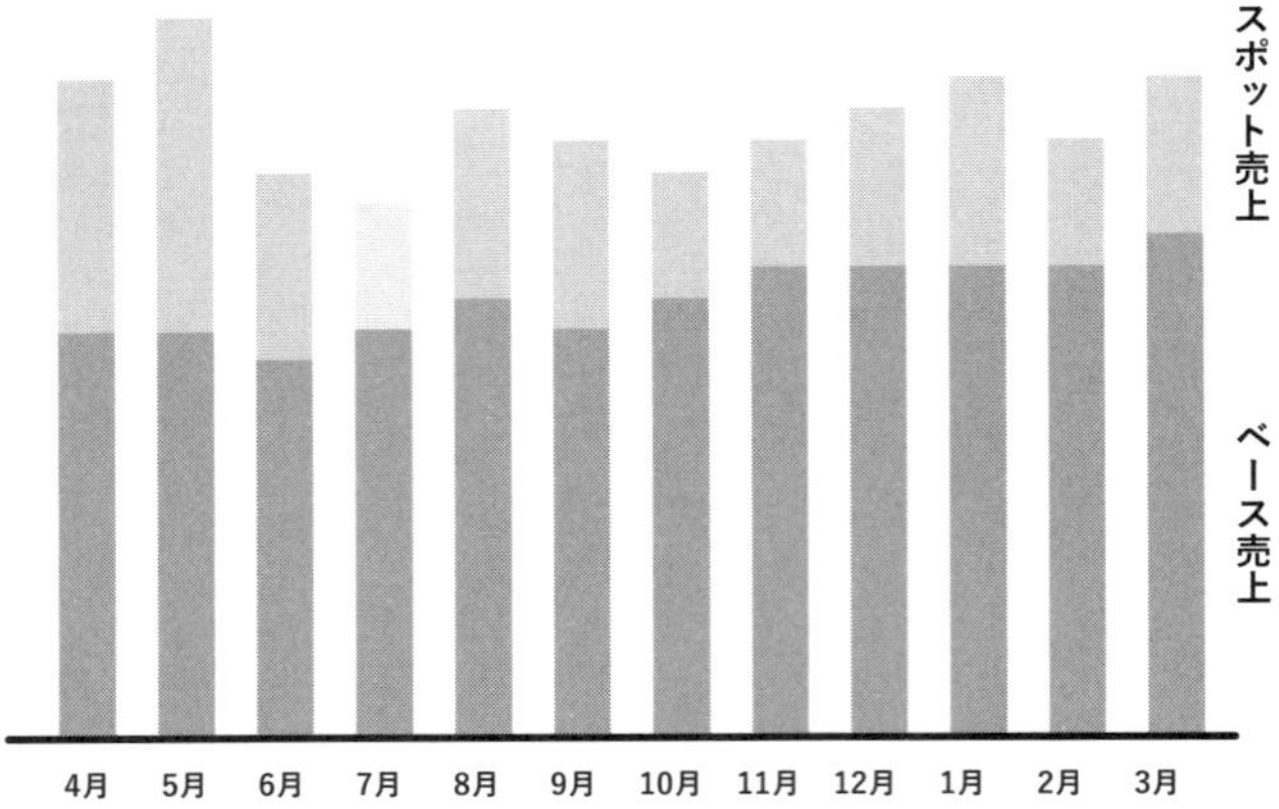

入ってくる既存顧客からの売上です。

地域でチーム・組織でコンサルタント業を行なっていくには、ベース料金を安定して積み上げることができるサービスラインナップを目指すべきです。そのため、アウトソースやバックオフィス機能の強化が必要になるわけですが、とにかくお客様とは長くお付き合いできる関係性を構築することです。ベースを順調に増やすためにも、月次の料金設定をきちんと行なっていくことが重要です。

スポットサービスだけでは、長期的なお客様への成果は期待できません。単発の額、利益は取れても、常に納期、納期で成果を求められます。

短期的な成果を求めすぎると、本来やらなければいけない重要なことが見えなくなってしまいます。

割合はベースが6割以上が理想

ベースによるサービスの売上の理想は7割、最低でも6割を目指すことが、組織として成長していく指標になると思います。つまり、期初の経営経営計画では既存の取引とサービスで、その売上が約束されている状況です。さらにスポットサービスで、既存のお客様からの依頼が1割が増えると、約7割から8割を安定した売上として見込むことが可能になります。

この価格体系・サービス設計ならば、**無理せずに毎年15%から20%の売上を伸ばすことが可能**になってきます。

安定したベース売上が6割を切ると、新しい案件が多すぎて、商品開発や月次のお客様に対するサービスの質が低下します。スタッフにもいつも新規案件の発掘で圧がかかるようになってしまいます。その結果、確実に予期せぬ解約やお客様の離反が待っています。

我が社では、大体年に1割の既存顧客のお客様が入れ替わるようになっています。契約期間が終了するお客様もいらっしゃいますし、一定のミッションが終わったことにより、いったん契約終了という方もいらっしゃいます。また、別のテーマでコンサルタントを依頼したいと業種特化型のコンサルティング会社に依頼をされることで契約終了となるお客様もいらっしゃいます。

しかし、サービス内容がよければ必ず、月次のフィーは毎年積み上がっていきます。我が社でも毎年20％近く、月次のサービス料の売上が増えています。

月次が積み上がっていないのは、サービスがお客様に信頼いただけていないからです。スポット売上は一過性のものですので、知名度が上がってくれば増えてきます。しかし、長く続くかどうかが、地域に本当に必要とされているサービスかどうかのバロメーターなのです。

ここで言う料金設定は、お客様が支払いやすい金額と、我が社が存続できる費用のバランスを考え抜いて構築してきたものです。皆様も、自分のお客様に合った2段階の料金設定を検討してみてください。

6章

お客様がお客様を連れてくる仕組みをつくる

01 新規客より既存客重視

我が社では創業以来一貫して新規客より既存客を大切にする方針でお客様対応を行なってきました。だからと言って新規客を取らないというわけではありません。年々会社として成長しているのは、新規のお客様が毎年増えているからにほかなりません。

我が社の見込み客や提案させていただくお客様のほとんどが紹介によるものです。DMを見た方、SNSで参加表明をいただく方、メールで問い合わせをいただく方のほとんどが、「○○さんがサクシードさんの話をしていたから」「○○さんが前回セミナーに参加したと言っていたから申し込みました」など、既存の知り合いから紹介されたお客様がきっかけになっています。

営業やマーケティング本の多くは、新規顧客をどう獲得するかに主眼が置かれています。

しかし「新規、新規」では、地域ではいつか限界が来ます。そもそも企業の数や業種の縛りからお付き合いできる企業数に限りがあります。新規客を探す時間や労力は、既存客のサポートに費やしたほうがよいのです。

長くお付き合いすることで、お互いに信頼を深めていく。この考え方に基づいて活動することで、相手を知り尽くすことができます。経営者の背景、嗜好、家族構成、社員の名前や社歴など、私達が知りうる情報は多岐にわたりますが、その情報を活用することで、お客様に合った提案が可能になるのです。

中小企業においては常に自社を客観的に分析して、強み・弱みや経営データの管理を行なっているわけではありません。そのため、基本的なマーケティング、営業や財務管理ができていないケースが少なくありません。長くお付き合いすることで、その会社がうまくいく要因が見え、的確なアドバイスができるようになっていきます。

長くお付き合いする秘訣

お客様と長くお付き合いするには会社の短期的課題だけではなく、**長期的展望をシェ

アすることが重要になります。我が社では、ほとんどのお客様と経営計画書をシェアしていますので、会社が目指している先が見えています。

「5年後、10年後どうなっていたいのか」をシェアできると、身近なアドバイザーとして長期的な関係が築けます。スポットサービスでお客様になっていただいた際にも、長期的視点を踏まえたサポートをするようにしています。

お客様も人間ですので、「次々に新規事業に取り組みたい」「売上を急拡大させたい」など、短期的視点へとぶれることがあります。そのような際には、長期展望を踏まえたアドバイスをすることが重要です。時にはうるさいと思われることもあるでしょうが、耳当たりのよいことばかり言っていては地域コンサルタントの役割は果たせません。

短期的な視点や成果ばかりが気になる経営者は、時期が来ると離れていってしまいます。残念ではありますが、すべてのお客様と長期的にやっていけるわけではないのです。

会社の成長と共にテーマも変わってくる

お客様と長くお付き合いしていると、会社の成長や課題の解決と共に、課題のレベルが上がっていきます。2年から3年お付き合いして、目の前の課題が解決すると、さらによくしたいというニーズになり、業績よりも採用や働きやすさについて仕組み化していきたい、社員教育を手厚くしたいと、より将来を見据えたテーマに変わっていきます。

最初は資金繰りが安定せず、財務戦略構築のご相談からスタートしたお客様が、業績の好転に合わせて、WEB制作・運用、新商品開発、マーケティング、最近では採用、教育といったところまでサポートさせていただいている事例も増えています。

お客様の成長に伴って我が社でサービス提供する分野も広がってきました。当然、サポートする分野が増えると、こちらも大変です。多くの業務が同時並行で進み、会社の意思決定に携わる機会も増えます。しかし、その負荷が我が社のスタッフのスキルやサービスのレベルを上げてくれています。

つまり地域では、**既存のお客様を大切にしていることが、新規客を増やそうと思った時にも活きるのです。**

最後に、事業としての収益性について、コンサルタント業は常に時間の制約の中で活動していかなければなりません。同じお客様と近い距離感でお付き合いすることで、長期的な視点からの収益アップにつながっていきます。

地域では目の前のお客様を大切にすればするほど、次のお客様を連れてきてくれるようになります。

02 顧客化に至るプロセス管理

1年、2年と活動する時間を重ねていけば、お客様が増えていることが正常な状態です。もし増えていないのならば、サービスが悪いのか、集客手法が悪いのか、その原因を考えないといけません。

地域でのコンサルニーズが年々高まる中、正しい方向に進んでいるかのバロメーターは**お客様が増え続けているかどうか**です。

次ページの図は、お客様から契約をいただくまでのプロセスを、営業のコンサルティングなどでよく使われるフレームワークに落とし込んだものです。お客様との接点づくりから提案段階に至る過程で、一気に入り口は狭くなります。接点を多く持たないと提案段階に行きつかないことがわかると思います。

図14　お客様から契約をいただくまでのプロセス

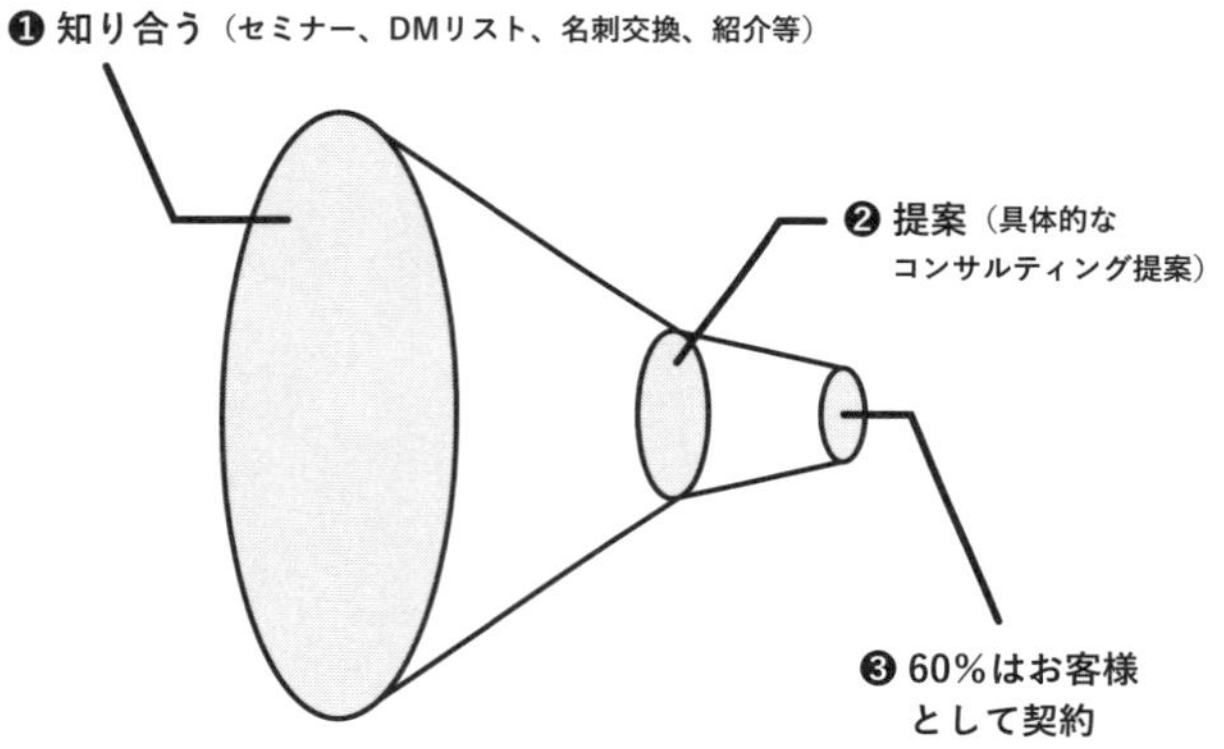
❶ 知り合う（セミナー、DMリスト、名刺交換、紹介等）
❷ 提案（具体的なコンサルティング提案）
❸ 60%はお客様として契約

地域でお客様との接点を増やすためには、セミナー開催や名刺交換した方から作成するDMのリスト化から積み重ねていくとよいでしょう。

多くの方と名刺交換しても、名刺交換しただけで終わってしまっている関係がほとんどだと思います。まずはSNSを活用したり、DMを送るなどして、接点を数多く作っていきましょう。

その中から見込み客リストに入ってくるケースは約10分の1ほどです。長い目で見ると、意外な方がお客様になってくださるケースもありますので、長期的に関係を維持する取り組みが重要になります。

提案したお客様の60％以上は契約をいただいているように思います。提案ができれば何らかの取引が可能だと思って継続的にアプローチすることで、残りの40％のお客様もいずれはお客様になっていただける可能性はあります。

見込み客からお客様になっていただくには、このプロセス管理をどれだけ的確に行なえるかがカギになります。

我が社では、既存のお客様を起点にプロモーションを展開しています。既存のお客様の周辺が一番、次のお客様になっていただける可能性が高いのです。したがって、定期的なＤＭの発送やＳＮＳなどでの関係性構築を継続して行なっていきましょう。

03 人脈リストからお客様のリストを作成する方法

地域では人脈が何よりも大切な見えない資産になるということは、これまでも繰り返しお伝えしてきました。地域は機関や会社ではなく、それぞれの人で成り立っています。この人のネットワークを築けるか築けないかが大きな成功のカギとなってきます。

自分の事業計画について興味を持っていただいた方、またそこから広がった人間関係などをきちんとリスト化して、次の人脈形成に役立てていきましょう。

問題にぶつかった時や自分の専門分野以外の相談などの場合に、この人脈リストが活きてきます。業種や分野にこだわらず、さまざまな分野で知り合いを増やしていきましょう。

人脈リストは、あくまで事業プランやアドバイスを求めるために作るリストですので、顧客リストとは意味合いが違います。人脈リストをお客様リストとして営業展開するのは、ある程度の実績ができてからのほうがよいでしょう。

人脈リストの中心となるのが、今まで接点のある自分の事業に関心のある方、これまでの人生で出会った方、味方になってくれそうな方です。

ただし、これら人脈リストの方々は、最初からお客様にはなってくれるわけではありません。こちらの事業について、いつでも相談できる関係性を作るのが目的ですから、あまりこちらからは提案やセールスはしないようにしたほうがよいでしょう。

もともと事業プランに興味があって会ってくれるような方は、それなりの経営者、経歴の持ち主が多いでしょう。したがって、いきなりそのレベルの方がコンサルティングのお客様になってくれるとは期待しないことです。その方々との関係性が、後々価値を持ってきます。

そして、この人脈リストをもとに、顧客リストを作っていきましょう。人脈リストの方がお客様を紹介してくださるようになってくれれば、自分のサービスや活動が正しいということです。

また、顧客リストは名刺交換した方なども整理して入れていくことで、後々DMリストにもなっていきます。我が社では、２０００社近いリストが創業以来メンテナンスを行ないながら活用しています。定期的に入れ替えをすることで、ＰＲや販売促進のリストとして使うことができます。

リスト作成の手順

各経営者団体のセミナー等に参加して名刺交換した場合には、**その会合ごとのリストを作っていきましょう**。紹介していただいた方などもリストに入れていきます。

一つひとつリストを作っていくことで、「ここから広がったのか」といった人脈のつながりがわかってきます。このつながりを、次のお客様を広げるために活かしていくのです。

以前、自社開催のセミナーに、「ある社長から何度も、サクシードの経営セミナーに参加するといいよと勧められて来ました」という方がいらっしゃいました。既にＤＭリスト先に入っていた方で、我が社の経営講座やサービス内容についても知っていたそうです。しかし、これまでセミナーに参加するまでには至っていませんでした。やはり、信頼できる誰かの後押しがあると一気に距離は縮まるのです。そうした信頼できるお客様を増やすことが、次のお客様を呼び込むことにつながります。

また、リストには**取引したい会社を付け加えていきましょう**。新聞記事や新商品開発など、関心のある会社を目にしたら、次々とリストに加えていきます。

最初は接点がないかもしれませんし、相手にされないかもしれませんが、地域はどこかでつながっています。その会社とつながりのある方がいた時に、ご紹介を依頼したりすることで、いつか提案できる日が来ます。実際、我が社でもこれまで、何社もそのようにしてお客様になっていただいた経緯があります。

お客様にDMを送っても何の反応もなかったら

弱小のコンサルティング会社にとって、DMやチラシ、新聞広告は効果が出ないとなかなかの痛手です。大手コンサルティング会社ですら、DMでお客様を獲得するのは難しい時代です。何度も何度もお送りして、3年目くらいからようやく反応が出てきます。

プロモーションはとにかく継続して行なっていくことが重要です。必ず反響が出てくる時がきますので、それまでは地道にやり続けましょう。

そして毎回、効果を検証し、何らかのアクションがあった先にはフォローを行ないながら、相手の要望を聞いていきます。当然、自社にできることがあれば提案しましょう。

また同時に、サービスや商品を継続的に磨いていくことも重要です。送り先の担当者の目に触れるたび内容が変わっていたり、サービスが発展していることがとても大切になります。時と共に、「皆さん、案外見てくれているのだな」と感じるリアクションが多くなってくるはずです。

「継続は力なり」で続けていると、思ってもみない反応が数多くあります。

「チラシ見たよ」「興味あったんですよ」「忙しくて連絡できなくて」「知ってますよ、いつもＤＭ送ってくれてますよね」など、初めて名刺交換した時や、久しぶりにお会いした時などに、このような言葉をいただくことも多くなってきました。

お客様を味方にする

短期的に見ると、新聞広告やＤＭはセミナーの集客やお客様獲得のために行なうことが多いと思いますが、我が社では**「獲得」に主眼を置くのではなく、「認知度向上」を目的としています。**

費用対効果で測定してしまうと、ブランド力のない会社が新聞、ＤＭで告知したところで、知らない人は問い合わせすらしないことがわかりました。そこで、認知度向上のために定期的にお客様リストにＤＭ等を送ることで、スタッフが地域で活動する際の信頼にもつながる結果となっています。

まだまだ認知度は低くても、企画や取り組みをお客様に定期的にお知らせすることで、徐々にですが、地域に知られていくのだと感じています。最近では、顧客リストの中のお客様から紹介されたと言って、問い合わせをいただくことも多くなってきました。

とにかく、地域のお客様を味方にすることが、お客様獲得の秘訣なのです。

中でも強力なのが、口コミです。お客様が実際の経験をもとにお誘いいただくことが最も効果があります。「サクシードさんはいいよ」「サクシードさんに頼んでよかった」と言って紹介してくださるようなケースです。上場しているコンサル会社よりも、地域の小さなサクシードを選んでくださるのはなぜかというと、それはお客様にとって「**なくてはならない存在**」になっているということだと思います。

「大手に比べて安いから」というのも一つの理由かもしれませんが、5年〜6年とお付き合いしている会社からすれば、トータルでは決して安くはない金額になっています。それでも、サクシードには取引先を紹介し続けてくださるお客様がたくさんいます。自社でよかった事例を説明して、アポイントまで取ってくれる社長さんまでいらっしゃいます。何かの会合があれば、お呼びいただくこともしばしばです。

既存のお客様が増えれば増えるほど、新規のお客様も増えていきます。いずれのお客様のためにも、ますます自社のサービス向上を心がけないといけないと思っています。

04 地域マーケティングは「4P＋2T×SNS」で

マーケティングにおいて、SNSを無視しては何も語れないような時代になってきました。テレビや新聞広告より、フェイスブックやインスタグラムなどの〝会ったことのない人〟の投稿を信用する時代です。地域においても企業活動の情報発信ツール、マーケティングツールとして大きな力を発揮してくれます。

マーケティングは製品（Product）、価格（Price）、流通（Place）、販売促進（Promotion）の4Pの組み合わせです。我が社では、ここに2つの概念を追加してマーケティングを捉えています。それは**時間軸（Timeline）と信頼（Trust）**の2つです。これはうまくいっている地域企業が企業活動の中で大切にしている2つの要素です。

地域では、短期的な利益や過度な儲けは長続きしません。また、お客様をはじめとした地域の信頼を得ることが何よりも事業継続の基盤になっていきます。この概念は地域企業にとって新時代の新しいマーケティング概念になると思っています。

これはＷＥＢマーケティングにおいても重要な要素です。我が社では、お客様のＷＥＢやＳＮＳ対応をサポートしていますので、その価値がよくわかっています。さらに、お客様の認知度の低い中小企業が多いので、その効果もよくわかります。

コツコツと信頼を積み上げる取り組みや、お客様と一緒になって作っていった商品、サービスは時間をかけてその会社の収益の柱になったり、次の時代の事業に育っていきます。これは、ＳＮＳでも同じことが言えます。

つまり、マーケティングの変化は地域では、よりFace to Faceのつながりが購買行動につながることを示しています。ただＳＮＳで情報を出すだけではダメで、定期的に対面したり、実際に地域で活動していることが意味を持ってくるのです。

● 製品（Product）

商品やサービスは、ターゲットとする顧客のニーズを踏まえながらブラッシュアップを続けることで「モノ」「コト」の両面からより満足度の高いものになっていきます。そのためには、「マーケットイン」「プロダクトアウト」を一方に偏らず、両者の考えを踏まえて作っていくことがポイントです。そして、よりあったらいいな、これがほしかったんだという感動を生む商品・サービスにまで磨き上げていくことが重要です。

・価格（Price）

地域マーケティングにおける価格は、会社が活動に足る、かつ社員に十分な給料が支払える金額を逆算した金額です。適正価格とは高ければ高いほどよいものではなく、会社が運営するに十分な利益を勘案した金額です。なぜなら、社員に安い給料で会社を運営することほど、これからの地域で罪なことはありません。

・流通（Place）

流通は、コミュニティなど出会いの場を創造し、お客様や関係者が出会い、マッチングする場を提供することにより、長期的な関係性を構築することが重要になってきます。いい立地や売場よりもコミュニティを広げたほうが地域では効果的です。

・販売促進(Promotion)

販売促進はWEBとSNSを連動して構築したコミュニティに、積極的に新しい価値を提供していくことが最大のプロモーションになります。クラウドファンディングなどは、資金調達よりもマーケティングプロモーションの要素のほうが強くなってきています。

・時間軸(Timeline)と信頼(Trust)

これは地域における事業発展の原理原則です。時間軸は長期的視点で物事を判断するという老舗企業などに見られる考え方です。地域社会は、これまでも長い年月をかけて関係性を構築しながらやってきました。古くなったものはよりよいほうに変える。その際にも長期展望で変えていく必要があります。

次に信頼については、地域を問わずビジネスにおける世界共通の価値になっていくと思われます。SNSやネットの世界においても、信頼はより重要になってきています。今後、取引や生活でよりITを活用するようになればなるほど、地域での信頼は価値を増やしていくようになるでしょう。

信頼を積み重ねるうえで大切なものが、お礼状を書くとか、来社の際や電話の対応とか、自分以外のスタッフの対応だったりします。老舗企業が昔から大切にしてきたような原理原則のうえに成果が積み上がることで、より効果のあるアドバイスが可能になっていくのです。

SNSの登場により、個人のコンサルタントが地域での認知度を獲得できる時代になってきました。我が社の口コミの多くは、フェイスブックでつながっているお客様からの発信です。私はフェイスブックには多くの恩恵を受けてきました。セミナーの依頼も、フェイスブック経由でいただくことがありますし、また、仕事のご依頼を直接いただくこともしばしばです。

つまり、**実績のない地域のコンサルタントは、SNSなどで時間をかけてPRしていく方法が最も適している**ということです。これは、既存の歴史のあるコンサルティング会社離れを起こす要因にもなっていくと思っています。ブログやSNSからWEBに誘客する手法は、もはやコンサルタントとしては鉄板の情報発信手法となっています。

なお、ブログはまだまだ読んでくれる方が多い情報発信ツールです。そのため、テーマを決めて、定期的に書いていくことをお勧めします。

私のブログのタイトル「激熱でいきましょう♪」は、金融機関の営業担当者向けの雑誌で連載した時も、「激熱コンサルタント」として紹介していただくなど、自分自身のテーマづくりに大きく貢献してくれました。

最初の会社訪問時には、いまだに「ブログ読みました」とよく言われます。また採用においても、スタッフが持ち回りで書いているサクシードのスタッフブログを読んでから、応募してくれる方がほとんどです。スタッフブログは社員一人ひとりの訓練にもなりますので、これからも続けていきたいと思っています。

自分の専門テーマだと書くことがないという場合には、お客様との事例を書いてもよいと思います（もちろんお客様の許可は必要です）。とにかく、ブログを書き続けることも実績になりますので、ぜひやってみてください。

7章

地域で仲間と共に成長する

01 地域コンサルタントの成長発展ステップ

コンサルタント業を事業化していく過程で、発展段階によってお客様の対応の方法や会社の取り組みも変わってきます。初めてのスタッフ～5人規模～10人規模と、我が社も変わってきました。そのため、独立したての方や、一人でやっている人気コンサルタントの方の現状や課題は、お話を聞かなくてもおおよそわかります。

一人の時は、目の前の仕事をこなし、実績を作ることが大切です。しかし、人を採用するステップに向けて、この段階でサービスづくりや業務のツール化・タスク分けを行なっておくことが重要になってきます。継続的にお客様が増えるような仕組みづくりをしていきましょう。

図15　コンサルタント事業の発展ステップ

	仕事	集客	課題
1人	•目の前の仕事 •業務のツール化、タスク分け	•SNS •ブログ •紹介	•お客様に実績を示す
2人～	•経営者としての業務 •会社の業績を意図した売上確保	•DM •セミナー	•顧客数を増やしていく •組織の整備
5人～	•人材育成 •会社の戦略 •独自サービスの開発	•看板セミナー •テーマを持った活動	•テーマに沿ったサービス提供
10人～	•事業のコンテンツ化 •広域化 •採用・育成システム構築	•ブランディング	•選びながら広げていく

次に、2人になった時点では、まず組織の整備を行なっていかなければいけません。「いきなり、組織？」という方もいらっしゃるでしょう。しかし、ここで「先生とアシスタント」という構図を作ってしまっては、組織としての発展はありません。

一時的には、人件費などの経費増加が重く感じられるので、月次ベースでの安定した売上は確保しておく必要があります。また、料金改定を行なったり、新サービスを提供するなどして、収益構造自体を変えて会社としての売上づくりを行なっていきましょう。

決して「自分が仕事を取ってきてい

る」という社長としてのおごりが出ないように注意が必要なのが、この時期です。多くの方はここで経営者になりきれず、「一度は人を雇ったけれど、すぐに辞めてしまって……」と一人でやり続けていくことになります。2人目のスタッフを採用した時が最初の会社としての正念場かもしれません。

社員が5人を超えてくると、コンサルタントとしての人材育成ノウハウや提供サービスをさらにブラッシュアップして、下請的な業務や価格が合わない業務から撤退していく必要が出てきます。

自分が独立当初に契約した低料金のお客様より、スタッフが新規で契約いただいたお客様の料金のほうが高いということも発生し、会社としての対応が必要になってきます。

また、日々自分で担当できないお客様の数のほうが多くなりますので、自分の一存では決められない決定事項も増えてきます。より経営者としての感覚とコンサルタントとしてのスキルを磨いていく時期です。

さらに社員が10人を超えてくると、組織として一定の評価をいただけるようになります。価格も、値切られることはほぼなくなってきます。こうなれば信頼をベースにした活動が行ないやすくなりますので、サービスのブラッシュアップや会社のブランドづくりも同時に行なっていく必要が出てきます。

顧客接点も、当然増えていきます。我が社も今では7社から10社は毎日訪問しています。スタッフ全員の面談件数は、月に180件～200件になります。お客様との接点が多いと、入ってくる情報量も一人でやっている時とは圧倒的に違ってくるはずです。

1人スタッフを雇った時から、一コンサルタントから会社運営をしていく経営者に変わります。さらに、お客様のことだけを考えていればよかったことが、社員の育成や会社の運営といった経営者としての仕事も増えてきます。

一人でコンサルタントを行なってきた方にとって、この一歩を踏み出すのは怖いことだと思います。私自身も、人を雇い入れることには大きな不安を覚えました。しかし、今振り返ると、仲間を増やすことができてよかったと言いきれます。自分の会社でうまくいっている仕組みや取り組みをお客様に紹介できることは、コンサルタントとして何よりの説得材料にもなっています。また、経営者として会社の運営を行なっていくことで、経営者の気持ちがわかるようになりました。

02 社員の成長が会社の成長になる

お客様との信頼を築くにはまず、社内でスタッフとの信頼を築くことが大前提です。私の経験則からも、**社内の信頼度が低い会社は生産性が低く、業績も伸び悩みます**。また、一時的な好業績も短期間で終わってしまい、停滞することが多いです。

特に地域は、まだまだ人材の流動性が低いため、普通にやっていれば人員が大きく入れ替わることは少ないです。そのため、自社の離職率や社員間の関係性などを常に気にかけて経営していくことが求められます。

せっかく入った社員をいかに戦力化するかが経営者の腕の見せ所です。

信頼をベースにしてチームを作っていくにはまず、プライベートの目標設定や家族に関する出来事などを、社内でシェアする機会を多く設けることです。

我が社では毎朝、朝礼で24時間以内にあったよいことを皆でシェアし合います。家族のことを話すスタッフもいれば、昨日会ったお客様とのエピソードを話す社員もいます。今は社員の人数が増えて20分以上かかることもありますが、毎朝続けています。

我が社のスタッフが増えた理由の一つには、チームワークのよさがあると思っています。皆、モチベーションが高く、生産性も高いです。8月は試験勉強のため1週間休む人、家族旅行で5日間休む人など、自由に休暇を取って、それぞれの時間を大切にしています。それで本当に会社が回るのかと一瞬不安にもなることもありますが、業績は安定して推移していますので、労働時間と業績にはあまり相関関係はないと思っています。

考え方を共有する

さまざまなキャリアの人間が集まると、サービス展開の面やチームで対応ができる反面、個人の価値観や過去の職業体験から意見が食い違うことも多くあります。この食い違いのすり合わせをできずにいると、早晩チームは崩壊します。

それを避けるためには、会社として考え方の共有を図っていくことが必要です。我が社では、『日本でいちばん大切にしたい会社』（あさ出版）著者の坂本光司先生の中小企業経営体系を、会社運営やコンサルティングにおける考え方の基盤にしています。これは創業以来一貫して変わっておらず、入社した段階から勉強会などでシェアしていきます。

中でも、商品や価格をどう決めるか、利益に対する考え方などが体系的にまとめられている『人を大切にする経営学講義』（ＰＨＰ研究所）を毎週全員で輪読しています。

また、「人を大切にする経営学会」の全国大会や研究会には、社員全員で参加して学びを深めています。これは、**経営者だけが勉強しても、スタッフ一人ひとりがレベルアップしないとチームの力は高まらない**と考えているからです。

そのため、私がよいと思ったセミナーや研修、視察などは極力、社員全員で参加するようにしています。当然お金も時間もかかりますが、社員同士の価値観を揃えていくためには最もリターンの高い投資だと思って積極的に取り組んでいます。最近では、社員から共通の価値観に基づき、さまざまな提案が生まれてくるようになってきています。

何を共通項にするかは、会社それぞれに合う合わないがあると思います。ぜひ、自社に合った共通の考え方を見つけていただければと思います。

そして、自分だけではなく社員全員が一緒に見て、聞いて、学んでいくことで、チームとしてのレベルが格段に上がるということを実感してください。

社員を成長させる6つのステップ

サクシードのスタッフは皆、コンサルタントとして業務を行なっています。それぞれにお客様を持って日々サービスを提供しています。「社員をどう育成しているの」「水沼さんじゃなくても大丈夫なの」と聞かれることがありますが、次の6つのステップを踏むことで、皆一人前のコンサルタントに成長しています。

①理念をもとに、原理原則に沿う

スタッフには、会社の活動や目的に沿った人しか採用してはいけないと思います。ここがぶれると会社はおかしくなります。また、判断基準についても原理原則に沿って対応する、時間を守るなどの基本的なことが何よりも重要です。これを常に戒めとしておかないと危険な状況に陥ります。コンサルタントはお客様の置かれている立場や心境までをつぶさに感じ取り、発言の一言一言にも配慮が必要になります。

②お金のために動かない

お金のためにコンサルタントをやり出したら、精神が疲弊するでしょう。私はお金がほしいのなら、コンサルタント業はやりません。とはいえ、霞を食って生きてはいけません。当然、生活や自分の幸せを満たすためのお金は必要ですから、儲かる会社にしていくことは重要ですが、目的にはしません。

③情報をシェアする仕組みを作る

我が社にはお客様、経営、地域、業界情報など、地域でもキーになるさまざまな情報が日々数多く入ってきます。その情報を皆でシェアし、少しでも現場に役立てることが組織の強みを発揮するためには必要になってきます。

そのための活動日報や情報シェアを、定期的に、またクラウドＩＴツールを活用して行なっています。これにより最新の情報を組織として蓄積して、アウトプットすることができています。

④コスト意識、危機意識を共有する

我が社では一人ひとりの実績を、全員が月次で取引先別に個別管理しています。我が社では数名で関与している取引先が多いため、担当者の役割分担で金額もシェアするようにしています。

スポット取引に関しても、案件発生時に専担者を決めて、それ以外のメンバーでチームを組み、その役割によって50％、30％と金額を按分して実績にカウントしていきます。これにより、全体のパーヘッドは個別で管理していたころよりも格段に上がりました。

また、いつお客様がなくなるかわかりませんので、お客様別の売上や月次の利益などもシェアして、危機意識を持つようにしています。損益については、あくまで個人がコミットしてもらうというやり方を行なっています。

⑤責任を持たせる（エンパワーメント）

我が社にコンサルタント職で入社すると、3カ月目くらいから顧客を担当するようにな

ります。そして、その担当分野については責任を持って、タスクを完了してもらいます。とはいえ、新人コンサルタントの場合は決して丸投げにはせず、常に気にかけてあげる愛情が必要です。過度に干渉することなく、自分でやらせてみるという器量が社員を成長させます。

⑥最先端の事例研究

中小企業に限りませんが、業種トレンドは移り変わりがとても早いです。そのため、業種ごとや分野の取り組みにおいて、常に最新情報を仕入れておかなければなりません。

我が社では、分担してテレビで取り上げられた会社や事例を調査、研究して独自に分析する取り組みを行なっています。そのため、この業種ならA社とB社というように、アドバイス時には、すぐに事例が浮かんできます。

また、それらの会社のイベントや講演会、視察会などには、機会を作って積極的に参加させています。現場を見て学ぶことで社員の財産にもなり、成長要因にもつながります。

我が社の社員の基本方針はこの6つです。「なんだよ、基本的なことじゃないか」と言われそうですが、本当にそうなのです。

コンサルタントを目指すような人は優等生が多く、経営知識やスキルが高いために上から目線になりがちです。これが一番怖いのです。かつて私も「地域の中小企業を救います」と言った時に、「誰も救ってほしいと思って経営している人はいないと思うよ。まして水沼さんに……」と言われ、ひどく反省した経験があります。

これらの基本的指針を踏まえて、我が社では「即実践」です。回りくどい理論や学問よりも、コンサルタントは実践あるのみです。そのため最初から、案件があれば、すぐに担当してもらうことにしています。お客様にはまだ出せないと考えている間にも、社員の成長の可能性を摘んでしまっていることになるからです。

社員教育事例：2年で自身の年収の倍は稼ぐコンサルタントになる方法

●入社～6カ月間

入社当初から半年間は、資料作成を中心としたフォロー業務が多いです。3カ月目くらいから担当を持ちますが、お客様への訪問は基本的に同行訪問で、コンサルテーションサービスを肌感覚で覚えてもらいます。この時期で重要なのは、前述した「①理念をもとに、原理原則に沿う」ことを共感できるかを確認し合うことです。決してコンサル知識などは教えません。

また、理念の押しつけもしません。我が社では、全社員が理念や考え方を大切にしているので、とにかく稼ぎたいと思っている人にとっては、しっくりこない組織かもしれません。入社半年間は、売上という概念にはそこまでコミットメントせずに、とにかく会社の理念や考え方を確認し合うという期間になります。

●6カ月～1年間

会社に慣れてくる6カ月目くらいからは、実際にお客様にコンサルサービスの提供をします。ただし、一人ではなく先輩コンサルタントと一緒に担当してもらいます。

ここで重要なのは、サクシード流エンパワーメントで「最終責任は先輩コンサルタントが持つが、執行責任は新人コンサルタントが持つ」ということです。初めてお客様を持つということは責任というプレッシャーがのしかかるので、我が社では決して一人で担当させることはありません。

●1年〜2年後

この時期は、案件に対するメンタル面やコンサルテーションスキルを磨く時期と位置づけています。基本的に、お客様に対するコンサルテーションに責任を持ってもらうために、先輩コンサルタントは同行訪問頻度を極端に下げていきますが、目は配っているという状態です。定期的に情報共有し、お客様へのサービスが会社の求めるレベルに達しているかをチェックします。また、売上に対する意識を作るため、月次管理シートによる目標設定と成果報告を繰り返していきます。

その後、徐々に自立したコンサルタントになってもらうために、先輩コンサルタントは距離を置いていき、2年後には見積もりや価格交渉も含めて、完全に自立します。そのころには、自分自身の年収の2倍は稼ぐ売上形態を達成している事例が多くなっているのが特徴です。

03 チームで上げるコンサルティングの質

チームでコンサルティングをしていると、アウトプットの質や業務の幅など、一人で行なっている時よりも格段によい成果が得られます。結果としてお客様の満足度も高まっていっているように思います。

我が社ではここ2年間、新規のお客様は皆、私以外のコンサルタントが担当しています。それでもサービスの質は下がっていないという自信があります。もしかしたら私に会えないという不満足要因はあるかと思いますが、会社の業績は逆に伸びていますので、成果との因果関係はないと思います。

チームでのコンサルティングでは、**事業として強みになっていく独自のベース事業が必要になります。**

我が社ではこれが事業承継を含めた、後継経営者支援の分野の事業になります。この分野においては創業以来、実績を積み上げて、現在では事業計画の策定を年間80社程度、行なえるようになってきました。「後継経営者支援ならサクシード」というキーワードが、地域のお客様の共通認識として受け入れられています。

また、件数を多く手がけることで、お客様との接点が自然に増え、口コミによる紹介や依頼が入ってくるようになります。そのためにも、「年間○件」「○○なら△△社」といった事業を確立しておくことが重要なのです。

我が社の場合には、最初は「お金」周りのサポートで独自性が出せると思っていました。事業承継を行なうにもお金の知識は必要になりますし、地域の中小企業は、その点には全く無頓着な会社が多い印象だったからです。

さらに、時代は企業支援を金融機関が行なっている真っ最中でしたので、私は自分のビジネスモデルに「経営計画書策定支援」というサービスを付け加えることにしました。

多くの地域企業には経営計画がなく、場当たり的に経営されてきました。地元に戻ってきた後継経営者は、これを見て愕然とするわけです。しかし、後継経営者が改革しようとしても古参の社員はそっぽを向き、遅々として改革は進まず、年々事業の価値を劣化させ続ける。そんな会社をたくさん目にしてきました。だからこそ、事業運営に積極的な地域企業を支援できるコンサルタントが必要なのです。

3人寄れば文殊の知恵

コンサルタント3人で1社をサポートすると、必ず長いお付き合いになります。それぞれの案件に対して社内で意見交換をできるので、より具体的に、お客様にとってよいアドバイスが可能になります。

長期間1人でお客様を担当していると、どうしても社内の人間として会社を見るようになってしまいます。複数人で会社の現状をシェアすることで、そうした問題をクリアすることができるのです。

1人のトップコンサルタントよりも、チームで対応することで、お客様によりよい効果を提供できます。1人ではどうしても対応策や提案内容に偏りが出てきてしまいます。そして、経営者やお客様に寄り添えば寄り添うほど、葛藤や苦悩も多くなります。うまくいかない時や、思い通りにいかない時には孤独感や、やり場のない不安感にさいなまれることも多々あります。

だからこそ、コンサルタントを安定した職業にすることが大切なのだと感じて、取り組みを行なってきました。3人いれば、想定外のことが起こっても、誰かは冷静に対応策を検討できます。3人いれば、誰かが体調が悪くてサービス提供できない時もサポートし合えます。私自身、1人でやっていくことの弱さを感じたので、こうした体制を構築しようと思ってここまでやってきました。そして、お客様を巻き込みながら、チームでのコンサルティングを継続していくことで、驚くようなことが起こってきます。

我が社では、こんな会話が繰り広げられます。

市川「A社がこんな事業を考えていて、いいアイデアやビジネスのポイントとなる点についてアドバイスしてほしいと相談がありました」

押山「この事業に似たモデルは、私のお客様で過去に失敗した事例があります。失敗の要因は、集客方法にあったと社長が言っていました」

齊藤「サービス業での集客方法であれば、私のお客様でマーケティングを得意としている企業があります。マッチングするとうまくいくかもしれません」

市川「ありがとうございます。それでは、押山さんには失敗事例の詳しい情報収集を、齊藤さんにはマーケティングの具体的なサービスを調査してもらえると助かります。私はビジネスモデルから重要となる指標を調査するので、1週間後にもう一度、情報共有会議を行ないましょう」

また、緊急的で早期解決が求められるコンサルテーションが必要となった場合は、コンサルタント全員が会議室に集まり、解決方法をディスカッションします。その際、ファシリテーターとなるのは担当コンサルタントですが、参加するコンサルタントは全員がフラットな立場で臨むので、一人で考え込むよりも、より建設的なアイデアが出ます。会議が終わるころには、ホワイトボードは戦略案でびっしり埋まります。

サクシードのコンサルメソッドデータベース

我が社には創業以来、約600社のコンサルティングを行なってきた案件がデータベース化されています。地域内の600社ですので、ほとんどの業種や規模を網羅しています。

図16　チームで対応していくサクシードコンサルメソッド

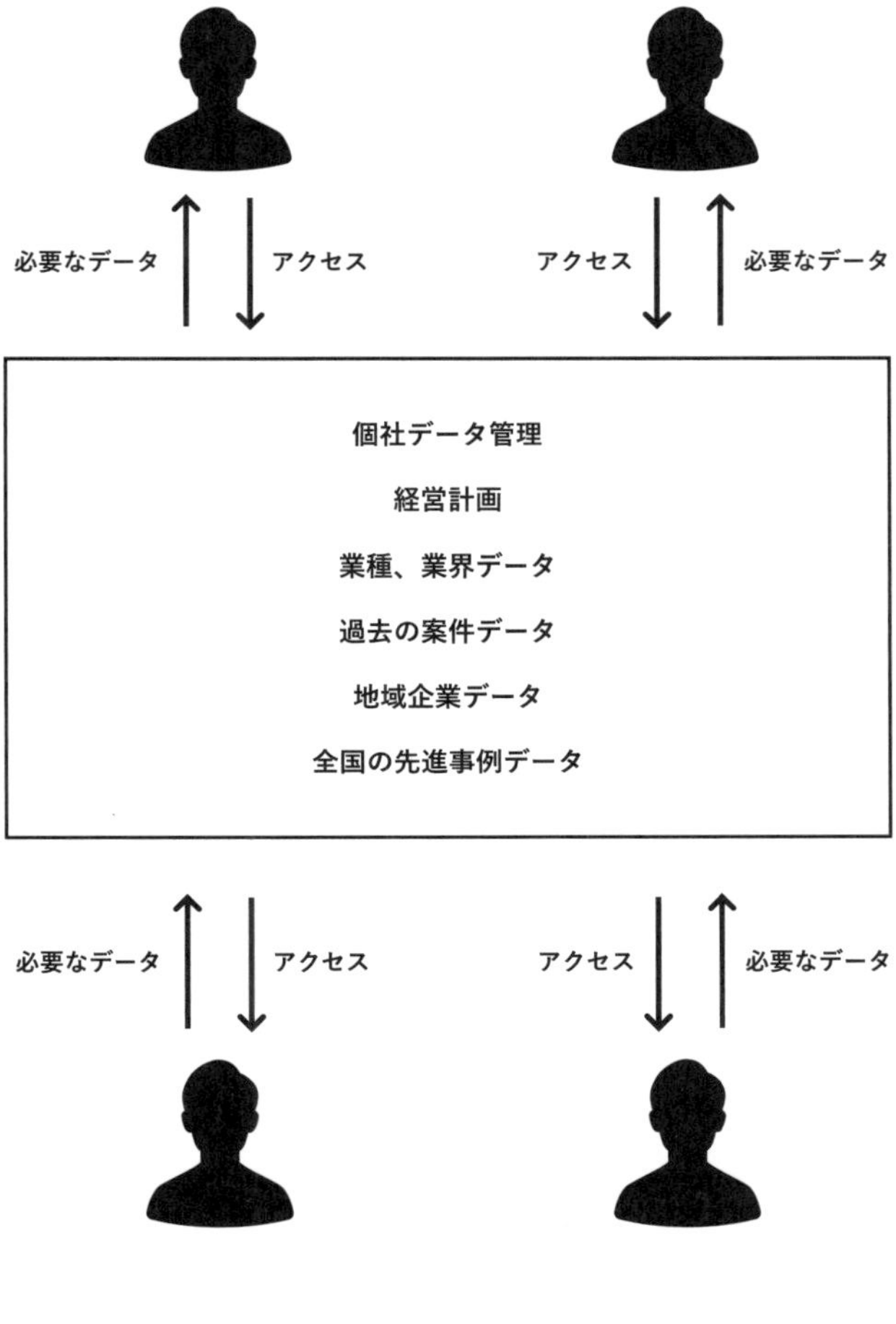

さらに、地域企業を調査した約２０００社の企業情報や業界についての各種データ等が蓄積されています。

そのため、新人のスタッフでも、どの業務についてもデータベースから類似案件や業種データを取り出してアウトプットすることが可能になっています。

もう少しデータの密度が上がれば、ＡＩを活用して、自動である程度まで企業分析や調査ができるようになっていくと思います。そうなれば、さらに現場の時間を増やすことができ、より満足度を向上させることにつながるはずです。

ですから、**自社独自のツールや分析手法を確立していく**ことが、再現性を高めるうえでも、とても大切になってきます。データベースの蓄積によって、我が社独自のフォーマットで申請書や経営分析を行なうことで、自分以外のスタッフでも業務の対応が可能になってきます。また、多くの案件をこなしていく中で、アウトプット資料なども共有化していけば、他のスタッフが同じような案件を手がける時に、スムーズに業務が進むようになってきます。

我が社ではこれらの案件はすべて、社内の共有サーバーでスタッフが共有化できるようにしています。創業以来、積み重ねた経験をシェアできるのは大きな強みです。

個人の理念やルールに沿って活動している自立型チーム

我が社のコンサルタント職のスタッフは、それぞれにスキルや背景の違う個人の集まりです。その分まとまりがないなどの特性もありますが、基本的には理念やルールに沿った活動であれば何でもOKとしています。細かい規律や、これをやらなければならないということも取り立ててありません。当然、各自の目標はありますが、あくまで自立した個人としてどう行動するかです。

自立した個人と言っても、ベースには「お互い様風土」があるので、会社が数字だけを追いかけて競い合っているといった雰囲気はありません。そんな中、皆高いパフォーマンスを発揮して続けています。

自分以外の売上高がどんどん伸び始めたら、地域にサービスとして受け入れられてきたという基準にもなります。何より、自分が関与しなくても売上が立った時は、独立後の最初の売上にも劣らないくらいの感動があります。ですから、チーム化して3年を経過したころから、自分の売上比率を下げていくような組織づくりをお勧めしているのです。

私に万が一のことがあれば、地域やお客様にサービス提供し続けることができなくなります。しかし、チームで活動していれば、普通の会社のように永続的な運営を目指して事業に取り組むことが可能になります。

そのためには、**コンサルティングのあり方や、サービス内容を社員が使命感を持って取り組めるものに変えていく**必要があります。それは、一見つまらなそうな単純作業でも、意義を感じられる仕事に変えていく工夫です。

例えば、我が社ではアシスタント職が行なっているエクセルの入力作業や分析なども、お客様にとっては新商品販売の大切な資料だとの認識を持って業務に取り組んでもらっています。

地域では、たとえ小さな会社でも新商品を発売すると、近くのスーパーで販売しているのを見かけたり、新聞にも比較的掲載されやすいということがあります。その時に、自分がやった仕事が新聞に掲載されるような仕事だったと感じてもらうことにより、とても大切な仕事なのだと認識できるようになります。

8章

地域コンサルティング業の発展構想

01 日本一の経営人材輩出機関を栃木に

我が社では、「とちぎ経営人財塾」という経営人材を1年かけて育成するスクールを、2014年から運営しています。栃木県からの委託事業でセミナー運営を受けたことから始まり、既に52社86名のOB・OGが、栃木県内の中小企業で活躍しています。

講師には、人を大切にする経営学会会長の坂本光司先生、マーケティング界における大家である法政大学大学院の小川孔輔先生など、業界内で著名な経営者や大学の先生にご登壇いただいております。

「栃木県を日本で一番の経営人財輩出県にする」をテーマに、次世代経営者の育成を目的に開始しましたが、このスクール運営を通して、多くの潜在ニーズや、地域で必要とされるサービスが見えてきました。

多くの会社は社長が参加すると、経営幹部にも受講させたいと、有料にもかかわらず4

年連続で社員を派遣してくれている会社もあるほどです。今では定員20名の半分は、既存で受講したとのある会社から派遣していただいています。

ここから導き出された事実は、**経営人材が学ぶ場所が、地域には不足している**ということです。塾を運営していると、経営者からも次の経営人材を育成したいという要望が数多く寄せられます。この塾では、これまでのような経営のテクニックだけではなく、栃木県の企業として今後の変化にどう対応するかといった、経営者のあり方などの原理原則を学ぶカリキュラムを用意しています。

また、多くの金融機関やコンサル会社で開催されている経営塾とは違い、ここでは我が社のスタッフが個別にフォローして、受講生同士のビジネスマッチングを行なったり、具体的に会社を改善する手法をアドバイスしていきます。地域で一流の学びを得られると共に、実践が同時にできるメリットがあります。

最近増えている要望として、受講が終わった幹部社員に対して「○○さんをサクシードで個別レッスンしてほしい」「○○部長専用のカリキュラムを作ってほしい」というニーズがあります。確かに、1年間それぞれの参加者を見ていると、何が得意で何が不得意か、リーダーシップがあるかないかなど、さまざまなことがわかってきます。それを踏まえて、不足している部分を埋めてほしいというニーズです。

この需要は今後、さらに多く寄せられるだろうと考えています。座学の研修だけではカバーできない領域なので、eラーニングなどを活用して個別フォローできるようにしていこうと思っています。ある程度、基盤が整えば、我が社でいったん幹部社員をお預りして実習してもらったり、動画で中小企業に必要なマネジメントの基礎知識を学べるコンテンツを作っていく予定です。

1年やっていくと、受講者個人のことだけではなく、会社が次に展開していくべき事業などにつなげることができます。当然、経営課題も一緒に考えていくことになるので、コンサルティングサービスの提案も行なっていくことができます。これも地域で経営人材を育成するスクールを運営していることで可能になるサービスです。

多くの経営人材予備軍は、後継経営者をはじめとして、現場に強くても経営管理や財務に疎いケースが多いようです。そのため、個別のカリキュラムを作成して、財務管理の方法や管理ツールの使い方を一緒になって考えていくニーズがあるのです。

02 地域に必要とされる事業構想

ここで、我が社が今後、地域コンサルティングの発展事業として取り組んでいく具体的事業についてご紹介したいと思います。これまで述べてきたことを集約していくと、この3つの事業になります。

①コミュニティをベースとした教育コンテンツ

教育は、地域の人材の底上げを図る根幹となる事業です。経営人材をはじめ、地域企業の社員の段階的かつ生涯にわたっての教育は急務です。多くの企業では、最後の差別化要因は価格ではなく、人であると考えるようになってきました。商品やサービスを開発するのも売るのも人です。その人に投資をしようと思い始めています。

しかし、地域で社会人教育を担える機関はまだまだ少なく、その多くは大都市圏に集中しています。地方大学の社会人コースもアカデミックな要素が強すぎて、地域で働く社会人教育には不向きです。

これまで中小企業は現場主義が強く、マネジメント教育には力を入れてこなかったように思います。しかし、次世代の人材を育成するにあたり、ＯＪＴ中心の「見て覚えろ」といった教育では、人はついてこなくなってしまいます。

また、教育の分野はＩＴ化が最も遅れている分野の一つだと思います。我が社でもセミナーや各種講座を行なっていますが、慢性的な人材不足による業務多忙や、働き方改革による時短などの影響で、経営者や社員は教育研修の時間を取りにくくなっています。

そこで我が社は、その解決策としてeラーニングを軸としたカリキュラムを構築し、サービス化を計画しています。このカリキュラムは、地域の中小企業の経営人材を育成していくのに必要な教育コンテンツです。地域ではお互いの会社の距離も近いので、定期的に集合研修を行ない、学びを深めることも可能です。

さらに、共に学んでいく中で情報交換が進み、事業連携やビジネスマッチングなども起こってきます。人生１００年時代に、スキルアップや継続学習は必須なテーマです。中小企業の人材育成は、地域にとってますます重要なコンテンツになっていくでしょう。

それぞれの地域コンサルタントが、これまでのキャリアを活かし、自分の得意分野を持ち寄ることで、中小企業に必要とされる内容のカリキュラムができるのではないかと思っています。地域ではとにかくわかりやすく、基礎から学べる講座が求められています。

その中で、人間学のカリキュラムは必須でしょう。中小企業は家族的に運営されているケースが少なくありません。同じメンバーと長い時間一緒に働けるのが、よくも悪くも中小企業です。そのため、全員が長期的視点で成長できる学びを行なっていくことが、よりよい人生につながっていくのだと思います。

②地域独自の事業承継スキーム

事業承継といった地域の課題を、人材で解決できるようなプラットフォームが地域では求められています。これは人と人、事業と事業をマッチングさせる場所の構築です。

事業承継の実行コストも、もっと抑える必要があります。大手のM&Aコンサルティング会社の数は増えていますが、まだまだ地域で使いやすいサービスにはなっていません。その分野で地域コンサルタントのネットワークを活用して、解決を図る仕組みが必要です。

これまでは、銀行と大手のコンサルティング会社が提携してM&Aを進めてきたために、東京のファンドや大手企業に事業が譲渡されるケースが多かったように思います。この流れが変わらない限り、地域の後継者のいない会社は大手企業の傘下に入ることになってしまいます。

地域資本の会社が減れば減るほど、地域には意思決定機能や本社機能がなくなり、販売機能と製造機能しかなくなってしまいます。さらに、地域企業との取引もなくなってしまうケースがほとんどです。地域の金融機関、事務機器店、印刷会社、会計事務所など、それぞれの取引が一気に切り替わってしまいます。その結果、さらに地域のマーケットは縮小していく構図になってしまいます。

地域だと距離感が近かったり、同業者で知り合いだったため、M&Aの対象にならなかった理由もいろいろとあります。しかし情報機密が守れて、きちんとしたサービスが受けられる担保ができれば、地域内でのM&Aは加速度的に増えていくでしょう。

そのためにも、早い段階で地域独自のM&Aネットワークを構築すべきだと思っています。特に我が社は、受け継ぐ側のネットワークを早急に構築しようと思っています。地域のやる気のある経営者や経営幹部に登録してもらい、「自分達が会社を受け継ぎます」と情報発信してもらうのです。Ａ市で自動車販売店を経営して後継者のいない会社が、近隣のＢ市で経営している若い経営者が引き継ぐというイメージです。

この役割は、地域に人脈を縦横無尽に張り巡らせ、地域をよく知るコンサルタントでないとできません。これは手数料何百万円というＭ＆Ａ仲介のように儲かるビジネスではありません。しかし、このサービスを真に必要としている会社は小規模で、借入金があり、株の問題などを抱えている企業です。そのような企業に必要なサービスを提供していくことこそ、我々ができる地域への貢献だと考えています。

③地域信頼ファンド機能創設による新金融手法

昨今、私がキャリア形成をした地方銀行の衰退が各方面で叫ばれています。私なりに要因を考えると、「変わらなかった」ということが一番の要因かと思います。今、銀行が提供している各種サービスの多くは、既に他社やＩＴで代替可能となっています。それらに代わる新しい地域サービスを生み出す必要があるのですが、それができていません。

銀行が地域に必要とされ続けるには、大きく変わる勇気が必要でしょう。地域金融・情報サービス業のような産業に転換できるかにかかっているように思います。

銀行がこのまま衰退すると、地域企業の唯一の資金調達の手段である金融機能が危機に瀕します。それは、より地域にお金が回らない結果に直結します。

そこで今、我が社は信頼をもとにした地域金融機能の創設を念頭に置いて、活動しています。地域金融は個人、法人などの知り合いが信用を供与し合ったところから始まっています。かつての「講や無尽」というものがそれにあたります。儲けよりも信頼関係で成り立つ「お互い様の関係」をもとにした金融のあり方です。

具体的には、我が社を支援していただいている有力経営者や企業に働きかけて、ファンドに似た仕組みを地域で構築できないかと考えています。ご当地ファンドのようなイメージです。ある時は借入、ある時は社債、ある時は出資というようなお金の形態を使い分けて、それぞれの企業が一定の信頼を得ている地域ネットワークで資金を調達できるようになれば、創業間もない企業や、真に地域に必要とされている企業に信用を供与することが可能になります。

これは、「地域企業の、地域企業による、地域企業のためのファンド」とも呼べる取り組みになりうると確信しています。それを、まずは栃木県から始めていきたいと思います。

03 地域に求められる感動商品・サービスづくり

多くの中小企業はいまだに、発注元に対して価格決定権がありません。2016年に法政大学大学院の坂本光司研究室が全国の企業を対象に調査した「非価格経営に関する実態調査」では、「貴社の競争力は価格ですか、非価格ですか」という質問に81・1%の企業が「価格」と答える結果となりました。つまり、80%以上の会社において価格決定権がないということが、調査から浮き彫りになったのです。

国税庁調査では中小企業の約65%が赤字となっていますが、この事実からは、価格決定権がないと業績が悪化するといった相関が浮かんできます。デフレの時期が長く続いたために、「より安く」の価値観が企業の中にも定着してしまっています。

これは怖いことです。低価格競争は、いずれ自分の首を絞める要因になります。地域企業は早くこの呪縛から解き放たれて、新たな付加価値の高い商品開発などで対応していくことが求められます。

今後、外部環境の変化はさらに加速していくでしょう。環境対応のためにも、地域企業は早期に価格競争から脱却しなければなりません。しかし逆の視点から見ると、大きなチャンスが地域企業には到来しています。**地域の市場変化に、大企業が全くと言っていいほど対応できなくなっているから**です。それはまるで、環境適応できず大きな恐竜から滅んでいったことと同じです。そんな状況が、どの業界でも起こっているのです。

地域はこれまでと違った潜在ニーズを数多く抱えています。これまでのような「多く」「安く」ではなく、「きめ細やかな」「自分に合った」といった、大企業が最も苦手とするようなニーズです。

例えば、高齢者が望むような商品やサービス、規模は小さいがそれぞれのニーズに合わせた商品、face to faceのサービス――。これからは、中小企業の特色を活かした、地域に必要とされる商品・サービスを生み出すことが何よりも大切になります。

次ページの図は、現島根県浜田市長で後継経営者研究の第一人者である、久保田章市氏

図 17 お金と商品開発のマトリクス

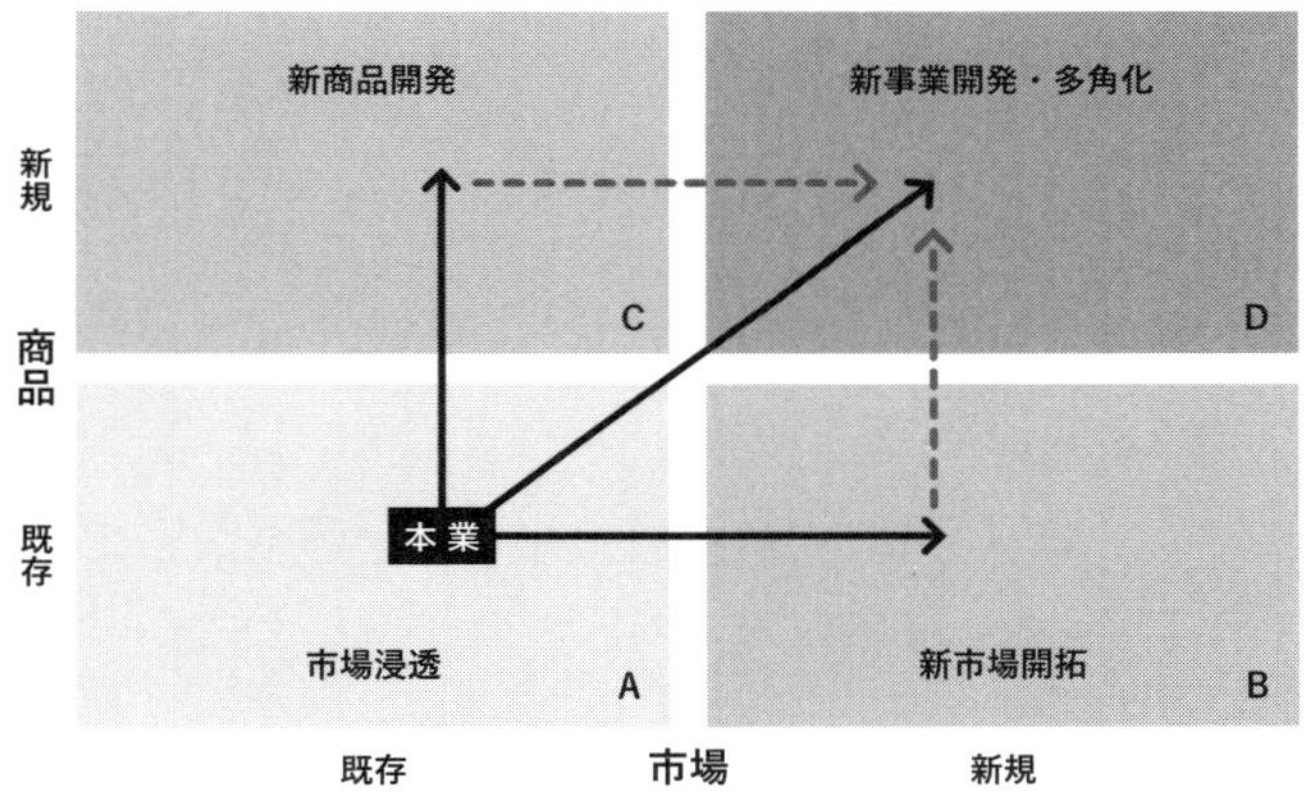

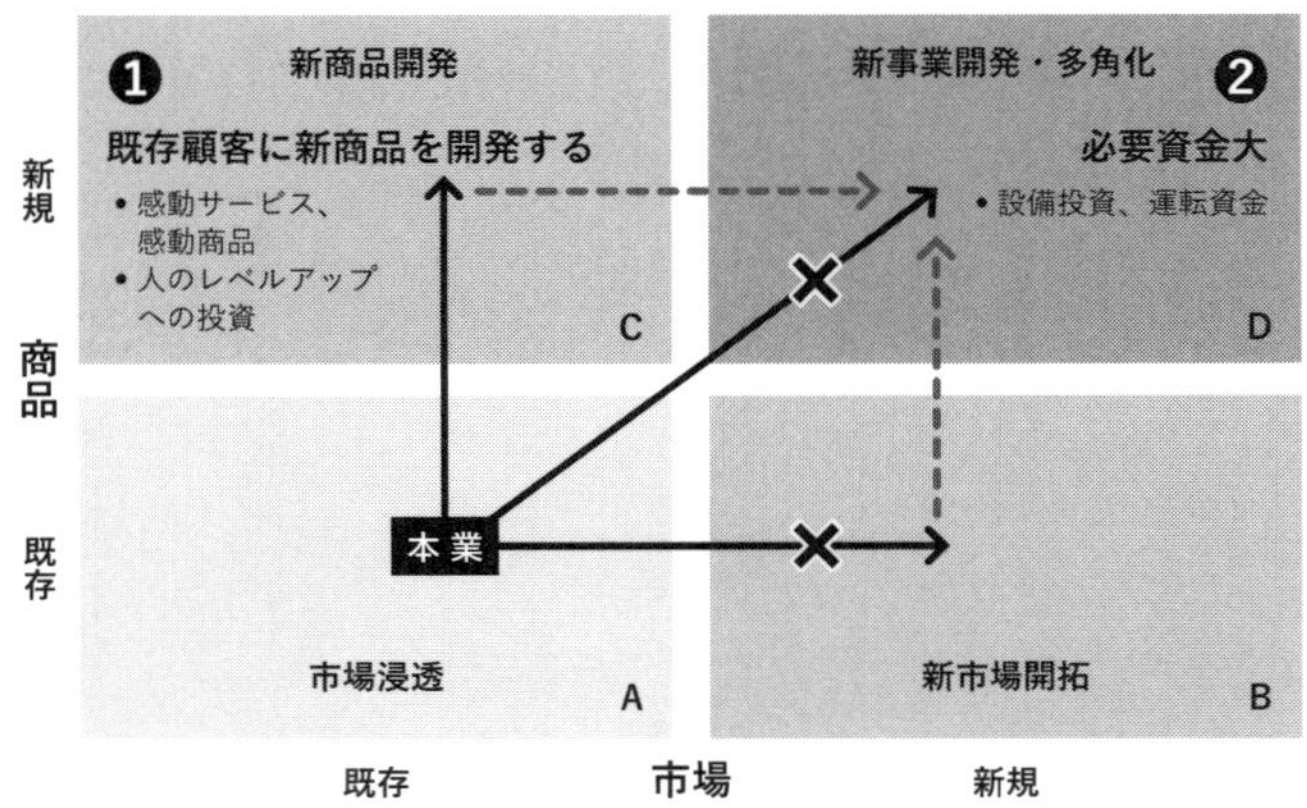

※H.I アンゾフの成長マトリクスを参考に久保田氏が一部加筆修正

が提唱する「地域企業の事業戦略マトリクス」です。久保田氏は、多くの老舗企業の研究から、中小企業は市場を新たに開拓する新規事業や多角化を図るよりも、既存のお客様に必要とされる商品や、サービスを開発することが重要だと説いています。

我が社においてもこの考え方に沿って、まずは商品・サービス開発を行ない、収益性を上げてから新市場に進出するといった戦略を、お客様にはアドバイスしています。

事例の一つとして、宇都宮市の印刷会社「株式会社みやもと」をご紹介します。みやもとは、新しい商品・サービスを地域のお客様に次々と提供し、印刷会社として新たなビジネスモデルを創造しています。「小口、サービス、エリア限定」を売りにして、企業のパンフレットから販促物までを一貫してサポートしています。

地域密着で、小ロットの小回りの利いた印刷サービスを展開したことにより、利益率も当然変わってきます。また、自社で企画からデザインまでを手がけることで、印刷にまつわる一通りの相談を受けることが可能です。広告代理店と一見競合しそうですが、案外、印刷周りのアドバイスを必要としている中小企業は多く、代理店との取引がない企業などのコンサルティングも行なっています。

さらに数年前から、これまで手がけた販促サービスのデータを蓄積して、高齢者向けの印刷ニーズに特化したサービス提供を開始しました。高齢者は色の見え方、デザインに対する興味などが若者と違うことに着目し、アンケートを取得した結果、高齢者の多くはチラシや印刷物で購買決定をしているという傾向が浮かんできたのです。

そこで、「シニアマーケティング」と題して、お客様にシニア向けの販売促進策の提案などを行なうようになりました。それにより、小口の地域のお客様を増やしています。サービス開始から3年が経過して、遠方からも依頼が来るようになっています。現在では、宇都宮市内に地域密着でシニア向け商品・サービスを紹介する『うつのみやシニア通信』を毎月発行し、地域住民の支持を得ようとサービス化に向けて取り組んでいます。

デジタル化が進み、斜陽産業と言われる地域の印刷会社でも、切り口を変え、価値を創造することで新たな事業モデルを生み出せます。このように、地域ならではの商品・サービスづくりを支援していくことが、地域コンサルタントにはますます必須の取り組みになってくるでしょう。

04 新しい価値を生む地域コンサルネットワーク

地域コンサルタントがそれぞれの地域に増えてくれれば、そのエリア間での連携が可能になります。そして、連携することで新しい価値が生まれてきます。

例えば、Uターンして自分の故郷でコンサルタントをやってみたいという方がいれば、地域情報をシェアしたり、今後の活動について相談を受けることもできます。また、コンサルタントではなくとも、地元に戻って働きたいという方と、地域の企業とをマッチングさせることも可能になってくるでしょう。

このような取り組みは、これまで大手の人材派遣会社でないとプラットフォームを持つことができませんでしたが、今はクラウドサービス等のＩＴプラットフォームを活用することで相互連携しやすくなってきています。

地域間の情報交換のプラットフォームができれば、地域の経営情報や人材情報以外にも数多くの情報を共有することが可能になります。その結果、地域企業同士のビジネスマッチングも自然に増えていくでしょう。

地域コンサルタントネットワーク構想

地域で活動するコンサルタントが増えていけば、コンサルティング業務における地域間の連携も可能になってきます。47都道府県を結ぶ「**地域コンサルタントネットワーク**」があれば、自分のコンテンツを全国のパートナーに使ってもらうことも可能になります。また、必要があれば、他の地域のコンサルタントとタイアップして課題解決を図ってもいいと思います。また、それぞれの地域には、それぞれの地域に強いコンサルタントがお客様を抱えているので、集客やPRのコストも抑えられます。

今後は、M&Aやエリア拡大を志向する企業から、地域を超えたコンサルティングの相談が数多く寄せられるようになってくるでしょう。そこで、理念を同じくする地域に強いコンサルタントのネットワークが必要になってくるのです。まさに売上や利益という概念を超えた、地域の未来を見据えたコンサルタントの集団です。

図18　地域コンサルタントのネットワーク構想

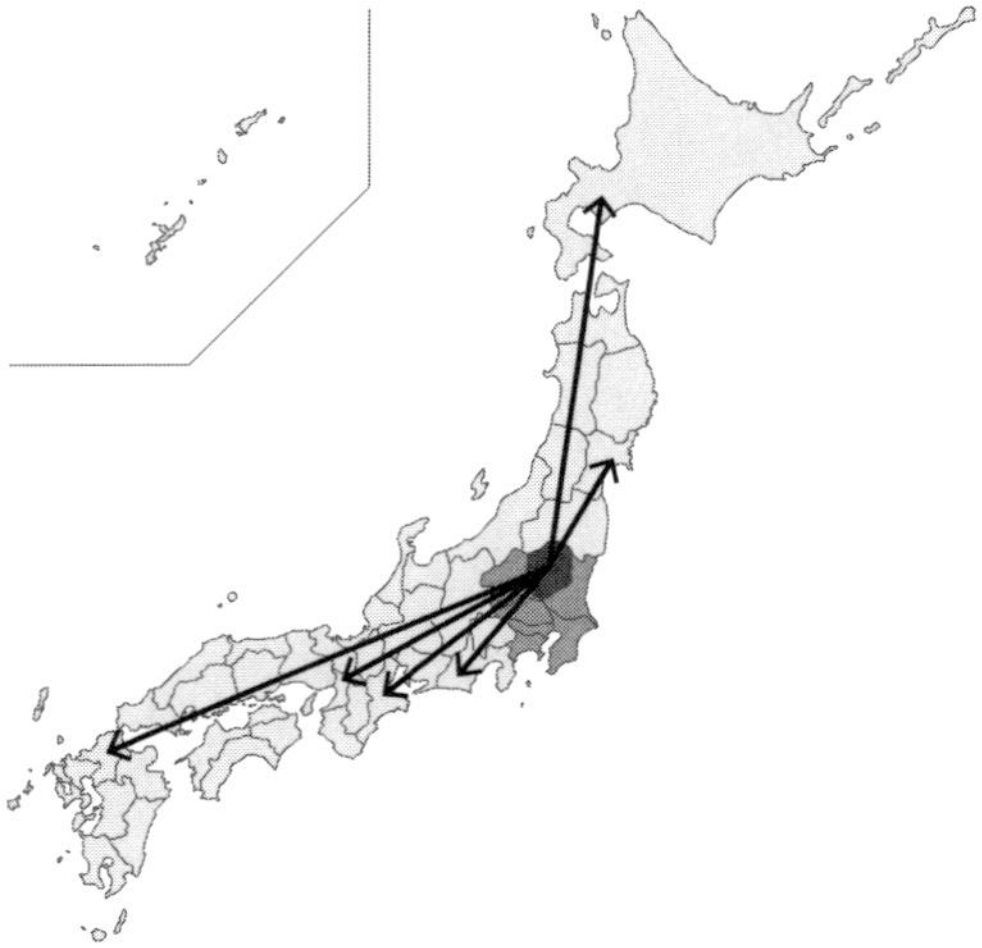

我が社の地域におけるデータベースは、業種ごと、テーマごとなどにデータが蓄積されています。このデータをお互いに共有できるプラットフォームがあれば、他の地域でも活用することは可能です。例えば、「長野県の〇〇という会社が、福島県の〇〇業の事業者を探している」といった情報をコンサルネットワークで結びつけることができます。

さらに、コンサルタントの目線で、マッチングに至るまでのポイントも踏まえて引き合わせることができるので、単に紹介するだけでは終わりません。

この仕組みができれば、中小企業はほしい情報をリアルタイムにアクセスすることが可能になります。何より、その仲介役に地域コンサルタントが対応することで、他の地域での取引が円滑に進むようになり、新たなエリアへの進出も可能になると考えています。

このスキームを使えば、地域コンサルタントがよいサービスを構築したら、自分のコンテンツを全国に一気に広げることができるようになります。これまでは、著名なコンサルタントになるには東京のファームやコンサルティング会社、講師派遣会社に登録することが必要でしたが、コンサルネットワークがあれば、自分で他のエリアに打って出ることが可能になるのです。

それぞれの地域に雇用を生み、産業化を

地域コンサルネットワークの大きな価値は、それぞれの地域で新たな雇用を創出していくという点です。地域でコンサルタントという職業が可能になり、地域のプロフェッショナル人材の受け皿ができます。さらに、地域で働く場がない女性や退職後の高齢者の方々が短時間、自分の強みを活かして働けるような職場を作ることができます。

現在、我が社でも女性や障がいのある方の雇用を増やすように努めていますが、想像以上の成果が得られていると実感しています。今後も、リサーチャーやＩＴエンジニアが生まれてくる土壌になっていけばいいと思っています。

最近は、地元の大学を出ても、地元に残る学生の数が減っていると言います。いくら人手不足で売り手市場だと言っても、これだけ企業があるにもかかわらずです。

その一因には、地域でのＩＴ格差があるでしょう。スマホ世代の若者が、地方のＩＴ活用がうまくできていない会社に就職すると、「ありえない」と思う結果になってしまいます。さらに、地域の経営者の年齢は都市部より高い傾向にありますから、「こんな状態の会社にいても……」と、入社後すぐに辞めてしまうケースが多いのです。

地域でのＩＴ格差は、日に日に増すばかりです。本来ならＩＴ活用により、場所や距離は関係なくなっていくはずですが、ますます東京に一極集中しています。情報を一気に広げるためには、やはり東京が発信基地となるからでしょう。

とは言え、東京は、地方からすれば住みにくい地域です。そのため、これからは都市と地方を行ったり来たりしたりする働き方がトレンドになってくると思います。週の半分は地域で活動して、半分は東京で働くというハイブリットなモデルが、これからの時代の働き方となるでしょう。

そういう意味では、地域コンサルタントやＩＴ関連のサービス業は、その典型のような職業です。また、ハイブリッド型の働き方が根づけば、いったんは東京に就職した若者も、地域に転職して戻ってくるという効果も生まれてくるでしょう。

現に我が社でも、都内で働いていた29歳の吉沢さんが、数多くの企業の中から地域コンサルタントを志望し、入社してくれました。

私は、この輪を、全国の地域コンサルタントを志望する方と一緒になって作っていきたいと思っています。これまで我が社で構築した仕組みやツールを、地域や将来のために活かしていきたいのです。自分が生まれた地域で働きたい、住んでいる地域に貢献したいと思う、多くの同志と共に地域から日本をよりよくしていく仕組みを作っていきます。

地域でコンサルタントをやっていてよかったと思える点は、仲間と一緒に地域に貢献していると、日々実感できることです。この仲間と共にさらなる高みを目指し、地域に必要とされ続ける会社にしていくことが、今の自分の生きがいです。

9章

地域のお客様と未来を創造する6事例

01 株式会社 火の魂カンパニー
～ちょっと変わった地域密着ラーメンチェーン～

宇都宮市に「一杯のラーメンで世界中を元気に！」をビジョンに掲げ、12店舗のラーメン店を運営する火の魂カンパニーという会社があります。「麺屋穂華」など7つのブランドを持っています。

当社の強みは、店舗・商品開発力とマーケティング力にあります。創業者の野沢賢司社長は高校を卒業後、地元の老舗ホテルに就職し料理人になりました。1年で料理長の味を覚えホテルの上得意専属の料理人に指名されるほどでした。

しかし、料理人の未来に魅力を感じられず、数年で退社。その後30歳まで定職に就かないフリーター人生を送っていました。

ある時、先輩経営者との出会いから、「人は必ずなりたい自分になれる」と数カ月の修行の後、ラーメン店を開業したのです。

財務戦略は火の魂カンパニー成長の源泉

2012年の夏、ちょうど3店舗目を出店した時期です。それまでの野沢社長とは若手経営者の勉強会で知り合った経営者仲間といった関係でした。

そんな野沢社長から、ある日「財務の件で相談したいのですが」と連絡がありました。その勉強会を主催する先輩経営者の方から、「お金や財務のことは水沼君に依頼してみるといいよ」と言っていただいたのがきっかけだったそうです。この紹介により、同世代の経営を学ぶ仲間からお客様になっていただきました。

最初に行なったことは、店舗ごとの収支管理シートを作成して、店舗ごとの採算を月次で管理できるようにすることでした。店舗ごとに計数管理を行なうことは、多店舗展開の基礎中の基礎ですが、多くの飲食店は月次の試算表管理でリアルタイムに管理することができていません。

そこで、年間の収支予測を店舗ごとに試算して、月次で管理していくと共に、3年かけて日次で決算を行なうようにしていきました。今では、リアルタイムで日次収支がわかるような体制になっています。一気に数店出店するなどという時は、損益が計画よりも大きくブレていきます。そのブレをいかに少なくするかが毎回の打ち合わせの焦点でした。
その結果、一時的に売上が下がっても、利益の出る財務基盤が確立されていきました。打ち合わせや計画の係数立案などは深夜に及ぶこともあり、毎回白熱した議論となりました。まさに、社外CFOといった役割をさせていただいています。

また、飲食業には珍しい取り組みとなる公的支援を活用した事業立案と実行を、次々に行なっていきました。セントラルキッチンでの餃子事業の立ち上げ、製麺事業の立ち上げなどの事業計画を立案して補助金事業として採択されるなど、社会的にも認知度が向上する取り組みになっていきました。シングルマザーの雇用促進や地域の産品をメニューに取り入れるなど、地域密着企業として、計画を通して地域とのつながりを深めていくと共に、企業のブランディングを同時に行なっていきました。

これらの支援も、日ごろから経営計画など今後の進むべき道を共有していることが、機動的な支援が行なえる要因の一つになっています。常に一緒に事業計画を策定しており、社長が何を考えているかがわかるために、社外社員のようにサポートすることが可能になります。6年もお付き合いをしていれば、野沢社長が何を考えているかが大体、わかるようになっているのです。

社長のキャラを理解し、得意な分野に専念してもらう

社長には得意分野に専念していただき、我々の強みの分野でサポートすることによってWin-Winの関係を築くことができます。野沢社長との打ち合わせは毎回、会社で新しく生じる問題、事業を成長させるための施策の検討に費やされました。

そんな中、社長の性格や嗜好を踏まえたうえで、やりたいことに対して、現実を踏まえて折り合いをつけたアドバイスをすることが我々の役目でした。地域で長くお付き合いしているからこそできるサポートです。

「この取り組みは野沢社長には合わないですよ」「でも、社長はやりたいのでしょう。どうすればできるかということですね」と、そんな議論を何度も繰り返しました。

コンサルタントの仕事を知識やノウハウを提供することだと思っている人は多いですが、知識やノウハウだけなら、今の若い経営者は自分で勉強しています。お客様は現状に合ったアドバイスがほしいのです。

新卒採用と人材育成

現在、当社は新卒採用を4年前から開始して、昨今の採用が厳しい環境において毎年、大卒の方が入社してきます。採用倍率はなんと30倍という高倍率です。野沢社長がセミナーを行なう採用ガイダンスでは、行列ができます。それも、この会社の考え方やこれまでスタッフと積み上げた実績が若い人材に響いている証拠です。

新卒採用への取り組みには、ラーメン店であっても一流の人材に来てほしい、そして自社で幸せになっていってほしいとの野沢社長の願いが込められています。かつて、１００店舗１００億円と掲げられていた目標は、社員の物心両面の幸せや１００年企業を目指す、というものに変わりました。そして、この変わったラーメンチェーンから学ぼうと、同業者からの相談が増えてきています。今後は、製麺事業から地域でのブランディングなどを模索していくことで、新しい飲食事業の地域モデルができるのではないかと考えています。

地域の同世代のお客様は、自分を最も成長させてくれるパートナー企業です。まさに地域コンサルタントのやりがいの一つです。

（担当コンサルタント：水沼啓幸、新井祐介）

02

有限会社 存じやす

～伝統と革新の老舗レストランの挑戦～

栃木県、とりわけ宇都宮市でポピュラーな「ステーキのたれ」をご存じの方も多いのではないでしょうか。実は、あの「ステーキのたれ」は、栃木県でも屈指の老舗レストラン、創業80年を超えるステーキ店「存じやす」が生み出し、地域に広がっていったものなのです。「存じやす」の初代、小林藤一郎氏がステーキ店を始める前に習得していた和食の技法を取り入れ、醤油とたっぷりの野菜をベースにオリジナルで作った賄い用のソースがその始まりでした。

常連客から人気に火がつき、やがて定番メニュー化した「存じやす」の「ステーキのたれ」は、弟子から孫弟子へと宇都宮市内を中心に広がり、1960年代には市内の多くのステーキ店で提供されるようになっていきました。多くの著名人にも愛されて、美食家で有名な池波正太郎氏の著書『食卓のつぶやき』にも取り上げられました。そのため、芸能人がお忍びで訪れたり、長年にわたり遠方から通われる美食家もいらっしゃいます。

そんな素晴らしい歴史を持つ当社ですが、サポートさせていただいた当初は、財務面でも経営者・社員のモチベーションという点でも疲弊しており、プロモーションやブランディングは二の次という状態でした。2016年に社長に就任した小林有一氏は当時を振り返り、「忙しいのに、先が見えない日が続いていました。事業を続けていくことに疑問を持ち、後継者として本当に辞めたいと思ったことが何度もありました」と語っています。

我が社がご支援をスタートした2013年当時、売上は順調でもなぜか儲かっていない、毎日毎日、家族やスタッフ全員で朝から晩まで働いているのに給料も上がらない……という状態でした。

当時は2代目の小林敏彦会長が社長を務め、3人のご子息を中心に2つの店舗を運営していました。

後継者であった長男の有一氏は、コンサルタントに相談すると現会長から聞いた時、正直な気持ちは「嫌だな」だったそうです。料理がわからない人にアドバイスされても、どうせ原価を下げろとか、月並みなことしか言ってこないだろうと高をくくっていたとのことでした。

「しかし、アドバイスを聞いていくうちに、会社を経営していくのは難しいことではなく、他社がやっていることをやっていなかったことに原因があるとわかってきました。スタッフミーティングや店舗ごとの収益管理など、通常の会社で取り組んでいることを、ことごとく行なっていなかったのです」

我が社の支援を受けたことで、経営というものが理解できたと現社長は言います。一つひとつに対して、経営や財務に関する裏づけをもってアドバイスを受けたことで、背中を押してもらえるような気持ちになったそうです。

支援して2年が経過するころには業績は大きく向上し、資金繰りの忙しさもなくなるまでに改善したのです。その後、2016年に事業承継を行なって、さらに経営の方法や運営方法の見直しをしていくことで、地域においてダントツの飲食店になっていきました。

マーケティングへの注力

財務的にも社内的にも落ち着きを見せた2013年、それまで10年以上、旧態依然としていたWEBをリニューアルし、閲覧性の改善と情報発信の頻度を増加させたことから、更新前は月間数千程度だったページビューが2万前後にまで向上し、新規顧客の流入やリピート客増加につながりました。現在は、創業からの歴史やステーキのたれ誕生のストーリーなど、「存じやす」の魅力をより広く伝えるブランディングのためのコンテンツを強化し、SNSなどでの情報発信にも力を入れています。

また、栃木県はとちぎ和牛や宇都宮牛といったブランド牛の産地です。そこで、地産地消の流れをメニューに取り入れて、地元のブランド牛を中心に提供するコンセプトに変化させました。

この取り組みが功を奏し、今ではとちぎ和牛を食べに県外からも来店するお客様が増えています。「存じやす＝地産地消」のイメージが定着し、客単価がアップし、年々売上も増加の一途をたどっています。

地域を巻き込んだ新商品開発

WEBと時を同じくして取り組みをスタートしたのが、新商品の開発です。地域でのブランド力を活かし、レストラン運営に次ぐ新たな柱として、物販の強化を図っていこうと考えていました。

　商品化第一弾に選んだのが、限られた常連にしか提供していなかったレアチーズケーキでした。

　贅沢な素材を使っていることやこだわりから、大量生産にはおよそ不向きな手間のかかる製法だったことから、当初は製品化に懐疑的でした。しかし、我が社でそれにかなう製造業者をマッチングし、数えきれないほどの試作を重ねた末、当初の発案から約1年経った2015年についに商品化にこぎつけました。

　パッケージデザインや商品名などマーケティング面については我が社でお

事業承継した兄弟3人とスタッフ。
←開発されたチーズケーキ。

手伝いをさせていただき、「宮のフロマージュ・テリーヌ」と命名した新商品は、1本1500円と高価ではありましたが、発表当初はもちろんのこと、現在に至るまでロングセラーとなっています。

その後、さらにシリーズ商品として、宇都宮名産の「宮ゆず」とのコラボレーションによる柚子チーズケーキを、宇都宮市の6次化推進プロジェクトとして開発しました。「存じやす」のブランドを活かし、地域産品が世に出るためのお手伝いという面から、地域貢献的な事業と位置づけ、その取り組みは現在も広がり続けています。

今後は兄弟3人で役割分担をして、会社を成長させていきたいと意気込みます。数年前からは飲食店のプロデュースコンサルティング事業も開始し、外販商品や新店舗の出店などを行なっていきたいと考えています。創業100年を迎える14年後には新しい形にした「存じやす」を次世代に事業承継できるように、伝統と革新の精神で地域になくてはならないレストランを目指し続けます。

（担当コンサルタント：水沼啓幸、新井祐介、山田宗範）

03

株式会社　日商
〜パート社員から代表者に〜

宇都宮市西川田に自動車部品販売業で創業44年となる株式会社日商があります。２０１7年10月に、自動車部品販売業としては珍しい女性後継者、関夫美社長が会社を引き継ぎました。２年前にはパート社員として別会社に勤務していた関社長が、会社と社員を守るという覚悟を持ち、多くの仲間に支えられながら社長になっていく姿は、事業承継の計画立案から実行までサポートさせていただいた我が社のスタッフも勇気づけられました。

２０１６年3月、初めて当社を訪問させていただきました。社長は創業者である関一八現会長でした。当時73歳で、営業の第一線で活躍されており、生涯現場主義を貫きたいと考えている経営者でした。お客様のためなら何でもやるという強い信念を持って、これまで会社を経営してきました。

数年前、事業承継について考え始めた矢先に、突然大きな転機が訪れます。次期社長候補と考えていた財務担当の幹部社員が退職することになったのです。その中で白羽の矢が立ったのが、別の会社にパート社員として勤務していた現会長の実娘である関社長でした。関社長は十数年前に当社の経理を担当していましたが、父親である現会長との会社経営に対する考え方の違いが原因で退職されていました。当社への復帰は「経理関係を担当する人がいないので、仕方なく戻った」というのが本音だったそうです。

我が社が初めて伺った時の印象は、「素晴らしい経営者だけど、会社の雰囲気はあまりよくないな」というのが正直な感想でした。特に関社長は、「私には経営は関係ない。経理を担当するだけの約束なのだから、コンサルタントと話す必要はない」という態度だったことを鮮明に覚えています。

また、会社の経営状態も売上は安定していたものの、長年の現会長のトップダウン型営業頼りの面が大きく、事業承継後の活動に不安が残る状態でした。

社長になるという決意

財務担当として再び当社に復職した関社長ですが、現会長との根本的な経営方針の違いに苦しみます。現会長は「会社が継続していくには売上が必要不可欠。常にどうやって販売していくかを考える必要がある」と主張し、関社長は「会社で働く社員をまずは大切にすべきだ」という考えを持っていました。

そこで我が社では、積極的に現会長と関社長との間に入り、何を優先すべきで、どのような考えを持つべきかについて、多くの時間を費やし議論しました。その結果、会長は少しずつ社長の言葉に耳を傾けるようになりました。そして社長は、基礎から経営を学びたいと考えるようになってくれました。2016年9月、社長本人からの希望で、我が社が開催している「とちぎ経営人財塾」に入塾し、志の高い同期生と共に経営を学び、経営人材となる準備がスタートしました。

「とちぎ経営人財塾」では、毎月1回の講義後に講師を囲んでの懇親会が毎回開かれますが、その懇親会で関社長の人生を変える出来事が起きます。

その日の講師は茨城県に本店所在地を置き、北関東を中心にレスランチェーン店を展開している坂東太郎グループの青谷洋治会長でした。懇親会の席で、青谷会長に関社長が「うちの会社の社長は、もう74歳なのに、まだまだ引退する気がないんですよ」と気軽に話しかけると、「74歳のお父様にまだ経営をさせているのですか。それはあなたが悪いです。何歳まで働かせる気ですか」と質問されました。さらに、「私の前で社長になると決意してください。きっとお父様も、その言葉を待っているはずです」と続けられ、今までわかっていたけれど避けてきた決意を、思いがけないタイミングですることになります。

社長にその時を振り返ってもらうと、「今まで自分が悪いなんて、一度も考えたことがなかった。でも言われてみると、会長のためにも、会社の未来のためにも、大切な社員のためにも必要な決断だということに納得ができた」と話してくれました。

パート社員から社長へ

決意をされた数日後、関社長は現会長に「会社の未来のために、社員を守っていくために、社長を私にやらせてください。精一杯努力しますので、今後は会長として会社を支えてもらえないでしょうか」と伝えました。現会長は、自動車部品業界が男だらけの社会であることや、社長が営業未経験であることを心配し、はっきりした回答をしなかったそうです。

しかし、その翌日、現会長から我が社の担当者に「今日の昼、一緒に飯を食べないか。

話したいことがあるんだ」と連絡が入りました。そしてその席で、「昨日、経理部長（関社長）から、社長をやりたいと話があったんだ。私も年を取ってきたから、来期から任せたいと思っている。でも、社長としてはまだまだ未熟だから、サクシードさんで引き続き支援してやってくれないか」と話してくれました。

創業者にとって、会社は自分自身の人生そのものです。その会社を譲るということはとても勇気がいることです。社長としての引き際を決断したその言葉に、胸が熱くなったことを今でも鮮明に覚えています。

女性社長だからできる経営を目指す

社長に就任してから、会長や幹部社員と共に取り組まれていることを紹介しましょう。

まずは社員のご家族へのお花のプレゼント。社員本人ではなく、社員の奥様や両親への誕生日に毎年、お花をプレゼントしています。社員のご家族まで大切にする姿勢は、新社長ならではの優しさです。

また、社員の本音を聞きたいという想いから、全社員との面談を2カ月間かけて実施し

関社長を中心に、毎日実施している朝礼の様子。

ました。社員によっては18時から始まった面談が、22時を超えることもあったそうです。その結果、休みを増やすべきだと考え、毎週勤務だった土曜日に定休日を作ることを実施しました。営業日を減らすと売上に影響が出るという意見もありましたが、定休日実施後も売上に影響はなく業績も好調です。

出会ったころは会社の雰囲気が少し重いと感じた当社も、少しずつ活気あふれる会社に変わってきています。その背景には、社長を譲ると決めた会長の決意、会社を守っていくと決めた関社長の決意、そして新社長を支えていくという社員全員の決意があります。

（担当コンサルタント：市川　優）

04 ミンナのミカタぐるーぷ
～障害者雇用という言葉をこの世からなくす～

栃木県鹿沼市に本社を構える「ミンナのミカタぐるーぷ」は、就労継続支援事業の民間事業者からの受託業務の受注において他のお手本と言える支援施設です。グループは就労継続支援A型、就労継続支援B型、受託事業のマッチングを行なうサービス会社の3社で構成されています。

現在はA型、B型合わせて54名が就労に向けて訓練を受けています。注目されているのは一般就労の人数です。一般就労が難しい中、当グループではこれまで18名の利用者の方が一般就労している実績があります。

当社の兼子文晴社長は、大学卒業後は大手建材卸売会社に就職してトップセールスマンとして活躍していました。結婚と同時に栃木県に移住しましたが、新しく入社した会社でうつ病を発症、その後仕事ができない日々が続いていました。そんな時に就労支援施設を知人に勧められ、わらにもすがる思いで近くの就労支援施設を訪れました。

そこで感じたことは、自分が障害者だという現実と、就労支援施設のあり方への疑問でした。就労支援といっても、その内容は単純作業や施設の実績づくりのための活動が大半を占めており、真に就労につながるとは言い難いものでした。

兼子社長はうつ病の症状が回復した段階で、自分で理想となる施設を作り、自分と同じ境遇の方々を支援しようと法人を設立しました。

当社が他の就労支援施設と大きく違っている点は、積極的に企業から業務を受託する取り組みです。設立当初から経営者の集まりに積極的に顔を出す、ビジネスマッチングを積極的に行なうなどの取り組みをしてきました。我が社も、そのような会合で兼子社長と出会うこととなりました。

創業2年目でのつまずき

右も左もわからずに想い先行で創業した後、同志として業務を任せていた「サービス管理責任者」が不正を働いていたことが発覚しました。行政から不正受給を指摘され、処分を受ける結果となってしまいました。任せていた責任者の「どこの事業所でも行なっていることですから。福祉の常識です」との言葉を信じ、任せきりにしてしまったことが原因です。行政の理解もあり、一番軽い処分で済んだとはいえ、3カ月の利用者受け入れ禁止の処分を受けることになりました。

その結果、一時的にマイナスなイメージがミンナのミカタにも寄せられてしまう結果になってしまいました。

健常者であればほかの会社に転職すればよいのですが、障害を抱えた利用者の方は会社が倒産すると、他に行くあてはなかなか見つかりません。自分の甘さや判断ミスが、彼らの未来を奪ってしまう現実を痛感しました。そんな中、それまでのミンナのミカタの取り組みを見ていた顧客や利用者の家族は離れるどころか、「大丈夫、わかっているから」とよりいっそうの応援をしてくださったのです。当社の日々の取り組みが、地域になくてはならないものだった証明です。

その後、適正な管理ができるスタッフの加入や営業活動が功を奏し、業績も伸長し事業も円滑に展開でき、B型就労支援施設の設立など事業領域を拡大していきました。

利用者教育からプロモーション

当社における我が社の支援メニューは、スタッフ・利用者教育からプロモーションまで多岐に及んでいます。営業が強い会社ですので、ＷＥＢの制作や仕掛けにおいても力を入れています。プロモーションでは兼子社長やスタッフの皆さんとの関係性ができており、また、どのような戦略で会社を運営しているかを知っているので、より効果の高いものになっています。

当社の業務実績は他の施設に比べても多岐にわたっており、中でもＩＴ分野における業務はかなりの実績を残しています。

また、訓練施設であり、かつＩＴの業務の依頼が多いことに気がつき、早くから利用者の方へのＰＣ操作やワード、エクセル講座などを開催するなど、利用者教育のための研修などを企画しました。毎回15名ほど利用者の方が参加して、ここで蓄積したスキルで大手企業からの受託業務などにも対応できるようになりました。

担当したコンサルタントの齊藤も、「利用者の皆さんの習熟度の速さは健常者よりも上で、ＩＴと障害者雇用の可能性を感じることができた」と実感しています。今ではＩＴ関連の受託業務は50％を超え、当社の中核サービスに成長しています。

障害者雇用を啓蒙する共同セミナー

我が社では「とちぎ次世代倶楽部」という無料勉強会を定期的に実施しています。地域企業に必要な経営知識やトピックスをテーマに、外部講師を交えて行なっており、毎回30〜40名の経営者・経営幹部の方にご参加いただいています。このとちぎ次世代倶楽部で、ミンナのミカタぐるーぷが中心になって設立した一般社団法人自立型福祉コミュニティ「A-Berry-One」と共同で、障害者雇用について地域の一般企業に知ってもらうためのセミナーを開催しました。

A-Berry-Oneは、地域の一般企業に障害者雇用や就労支援施設とのつながりを持ってもらうため組織された一般社団法人で、全国的にも珍しい団体です。主に、依頼された仕事や作業をそれぞれの会社で分担して行なう仕組みが大きな特徴です。障害者雇用はこれからの地域企業にとって優先順位の高い取り組みになりますので、当社と協力して定期的に我が社のお客様にも情報を提供しています。

共同開催した「とちぎ次世代倶楽部」の様子。プレゼンしているのが兼子社長。

障害者800万人のための全国展開

現在、ミンナのミカタはこの次のステージに向けて別会社を設立し、新規事業に取り組んでいます。具体的には、自社開発した仲介システムを使って、全国の支援施設と依頼者とをマッチングするサービスです。

このサービスがうまく機能すれば全国に1万5800事業所あると言われている就労支援施設に、人手不足のIT企業などからの仕事をマッチングすることが可能になります。

兼子社長は、このサービスを「障害者がもっと社会に貢献できて、賃金もアップする。そして最終的には障害者雇用という言葉がなくなる。全国の障害者８００万人のための仕組み」と考えています。

まさに地域密着の地道な活動の中で、ＩＴ関連の仕事を全国の障害者とマッチングさせるところにWin-Winの関係性を見出したのです。

（担当コンサルタント：齊藤加居、新井祐介）

05

株式会社　八下田陸運

～6年越しの目標達成～

八下田陸運は、宇都宮市に本社を構える総合物流業者です。建設、精密部品加工など物流業から派生する周辺業務も受託するなど、グループ4社で年商30億円を超える地域の中核企業です。現代表の八下田勝社長の父、故八下田紀夫氏によって1964年に創業されました。

当社との出会いは、我が社が起業する前の2009年にまで遡ります。現在、我が社のお客様になっていただいている会社の業者会に誘われたことがきっかけでした。ある日、当社から代表者変更の挨拶状がオフィスに届きました。その直後に、退任する岡本社長（当時）より、代替わりにあたって新社長のサポートを依頼できないかというご相談をいただいたのです。その後、経営会議への出席や社員ヒアリングなどを通して、経営計画の策定立案や新規事業の際の立ち上げ支援などを恒常的に行なうようになっていきました。

6年越しの思い

就任当初から八下田社長は、いろいろな目標を設定しながら経営にあたってきました。中でも、自社倉庫建設という目標を第一に掲げていました。6年前就任した年にビジョンを共有するため、我が社主催で幹部社員を集めて一泊での幹部研修を行ないました。会社の将来を見据えて、幹部全員で事業プランを作成し発表する中で、八下田社長のまとめとして自分のビジョンを発表したのです。

「M&Aによってエリア拡大をし、自社倉庫を建設して新しい物流事業者のモデルになる」というプランは、当時の社員からすれば、まだまだ他人事だったように思います。実際、会社に対する不満や不信感なども、その研修ではたくさん出てきました。ディスカッションでも、幹部社員同士で一触即発の事態になりそうになるなど、当時はまだまとまりに欠けた組織でした。

その研修を境に、サクシードに対する期待や、苦情のような相談が幹部社員から寄せられることが多くなりました。実現が遅くなっている取り組みに対するいらだちや、会社へのやり場のない怒りを寄せられることもありました。そのたび、社長も会社として少しずつ前に進むように取り組んでいるということを、何とかわかってもらえるように現状を話して、理解を促していきました。

倉庫建設に向けて、物件も一緒に見に行きました。しかし、さまざまな要因で破談になるなど、一時、計画がストップしてしまいました。その間、社員の離反などもあり、紆余曲折がありましたが、6年の歳月をかけて念願の自社倉庫建設にこぎつけることができたのでした。そして、2018年4月の竣工式にて、「6年前の目標をかなえることができた」と八下田社長がスピーチした際には感慨深いものがありました。

社外幹部社員としての役割

八下田陸運では、コンサルティングというよりも社外社員といった存在で支援を行なっています。我が社のスタッフ4名のチームで支援させていただいており、さまざまな業務をアウトソースしています。そのため、経営計画の策定や事業プランの立案以外にもさまざまな依頼があります。例えば倉庫を一部賃貸していた会社が経営危機に陥った時には、その会社に入り込んで再建計画を立案し、その再建プランを各債権者に説明して回るなどして資金回収を行なったこともあります。

また最近では、後継経営者がいない、または経営ノウハウがないということで、M&Aや同業者からの経営相談が寄せられるようになっています。地方では後継経営者がきちんと経営している会社には、同業者や周辺事業を行なう会社からの譲渡相談が今後ますます寄せられるようになってくるでしょう。そこで、我々外部のアドバイザーが専門的かつ客観的なアドバイスを行なうことで、大きな判断ミスを防ぐことができます。

それも長い取引のおかげで、当社に合うかどうかを踏まえたうえでアドバイスができるということが強みです。幹部社員全員の職務や性格まで、ある程度把握しているので可能になることです。これも、地域ならではのサポートです。

会社成長のカギを握る経営人材育成

八下田社長のビジョンは、次世代型の総合物流事業者になっていくことです。そのために、社員一人ひとりがレベルアップを図り、自ら学ぶ環境づくりを進めています。

八下田陸運は、それぞれのセクションに幹部と呼べるスタッフがいることが何よりの強みです。彼ら幹部の考えを経営に反映させる仕組みを作りたいと、幹部会議を疑似経営会議として、毎月1回研修を兼ねた八下田陸運リーダー研修「八下田陸運未来塾」を運営しています。現在は部長、課長級の8名が、リーダーシップや計数管理、数多くある取引先の状況や今後の経営戦略の分析などを行なっています。単に運送業界の知識を学ぶだけではなく、経営幹部として必要な知識を習得する場となっています。

地域の多くの後継経営者は、先代のようなカリスマや独善的な経営ではなく、チームとして運営できるマネジメント体制を目指しています。外部環境が急激に変化する中で、一人に頼る経営は早晩行き詰まると思っているからです。幹部の力を結集すれば、地域の中心的な役割を担う企業に成長していくでしょう。

（担当コンサルタント：水沼啓幸、市川優、押山健司、新井祐介）

06

株式会社　仲山商事

～益子から世界にありがとうを届ける～

栃木県芳賀郡益子町にある株式会社仲山商事は1947年に創業し、今年で創業71年を迎えるギフト商品の卸売業者です。

益子町は、地場産品である益子焼が全国的にも知名度が高く、春と秋の陶器市には全国から多くの観光客が押し寄せます。当社は益子焼の行商からスタートしましたが、現代表者仲山貴士社長の父で、2代目の仲山正幸会長が、現業のみでは自社の成長は難しいとの危機感から新たな分野への進出を決意しました。その分野が、今では当社の中核事業となっているブライダルギフト事業です。さらにその後、今日の収益の多くを生み出している商品カタログギフトを自社で企画製作し、カタログメーカーとしての機能も拡張し事業領域を拡大させていきました。

仲山商事の強みは、そのビジネスモデルにあります。自社内に物流センター機能、営業販売機能、カタログ企画製作機能まですべてを有しており、ワンストップで贈り物を提供することができます。単に商品の販売だけでなく、流通加工、配送業務の請負、さらにカタログの企画製作まで、顧客の要望に応じて対応することができるのです。その取引先は大手百貨店から有名なブライダル企業、ホテルチェーンなど全国に広がっています。

伸びる海外需要

今、海外では日本の伝統工芸品や地域の産品が飛ぶように売れています。しかし、日本で売れるものがそのまま海外で売れるわけではありません。当社は7年近く前から海外展開を模索し始めて、地元の人脈や商流を構築し、今では中国、タイ、シンガポール、マレーシアの日系百貨店に売り場を持っています。中小卸売業で、直接現地で販売するチャネルを持っている企業は稀でしょう。今では現地での売れ筋がわかるので、地域産品のテストマーケティングや行政から販売の委託を受けるようにもなってきました。

当然、売上の海外比率も上昇し、今後はさらなる伸びが予想されます。現代表の仲山貴士社長は海外留学経験があり、現地での交渉や取引も臆せずにこなせます。そのため、仲山社長は海外展開で今後、経営者として知名度を上げていく逸材だと思っています。

我が社では、仲山社長に対しては同時に、公的な支援を受ける企画立案のサポートを行なってきました。海外事業に対する国の補助制度や、出荷のためのIT投資への一部費用負担を申請する事業計画や事業進捗サポートなどをこれまで行ないました。こうした取り組みを重ねるうちに、業界での知名度と実績がついて、知る人ぞ知る海外展開企業になりつつあります。今では行政や団体が逆に仲山商事に補助金を使って、「自分のエリアの地域産品を海外で販売してください」と依頼に来るようにもなりました。

念願の社長就任

仲山社長とは我が社の創業時より、さまざまなプロジェクトを行なってきました。2012年には、社内の活性化プロジェクトとして、当時常務であった仲山社長と一緒に5S委員会を立ち上げました。この時は従業員参加型の課題解決プロジェクト「仲山商事5S委員会」として、定期的に改善活動を実践し、現場の意見を取り入れることを行ないました。組織横断的に各部からメンバーを募り、定期的に活動を行ない、それまで手つかずだった在庫倉庫の清掃からレイアウト替え、運用のルールづくりを行なったことにより、多くの気づきや、現場の生産性の向上につながりました。

2018年2月には、新社長として仲山貴士氏が就任しました。仲山社長は、「仲山商事はこれまで人に支えられて成長してきた会社です。社員、仕入先、お客様、地域をそれぞれ大切にした経営を実践していきたい」と考えています。

仲山社長は就任早々、若手のモチベーションを高めようと、現場に大きな権限を委譲しました。特に商品開発においては、若手のスタッフに予算も一任するという大胆な施策です。そして、できた商品がカタログギフトの次世代版で、スマホから商品選択ができる「カードギフト」です。この商品が大手有名ホテルの目に留まり、早速、新規取引が決まるなど順調な滑り出しを見せています。

事業を伸ばすと共に、働く人の幸せを考え、地域の女性、高齢者の働く場も同時に作っていきながら、皆で支え合う経営を目指しています。

仲山会長には、我が社を立ち上げる前から数多くの支援をいただきました。「こういう事業を行ないたい」と私が言うと、目の前で経営者や地方議員の方などに電話で協力要請してくださったこともありました。「どちらがお金を払う立場かわからないな」と言いながらもさまざまなアドバイスをしてくださいます。資金繰りに困った若い経営者がいると、「一度連れてきなさい」と言い、道理に沿った事業を行なっているとわかると、その場で銀行の支店長に電話を入れて融資を要請してくれることもありました。

とにかく、我が社とコンサルティング契約をしていただきながらも、多大な支援をしてくださいました。いつか恩返しをしたいと思っていても、なかなか会長に恩を返すことはできませんでした。

しかしある時、後継経営者である新社長を立派な経営者としてサポートしていくこ

海外展開の一つであるバンコク伊勢丹JAPAN PARK。

とが何よりの恩送りになるのだと気がつきました。オーナー企業の事業承継は、親と子であるがゆえにうまくいかないことも多々あります。親子喧嘩の際にはすぐに駆けつけることができるような間柄であることで、役に立てることも多いと思っています。

ありがとうのお手伝いを世界に

仲山社長は「ありがとうのお手伝い」を新たな経営理念に据えました。結婚式の場、お祝いの晴れの日、大切な人を思った時、人はギフトに想いを託して贈ります。その時受け取った人は必ず、「ありがとう」と感謝の気持ちを相手に伝えます。それは現在マーケットとして戦略的に重点的に取り組んでいる海外でも同じです。日本の文化である「ありがとう」を世界に広げることを通して、会社を成長させていきたいと考えています。

お客様の「ありがとう」のお手伝いをし続けることこそが当社の使命だと、商品一つひとつに思いを込めて、益子から全国、そして世界に送り届けています。

（担当コンサルタント：水沼啓幸、齊藤加居）

おわりに

最後までお読みいただき、ありがとうございます。地域コンサルタントの取り組みを世に知っていただき、より多くの方に地域コンサルタントという人生の選択があることを理解していただくために、本書を執筆させていただきました。この本を読んでキャリアを活かし、地域に貢献したいと行動に移していただけたら幸いです。

地域コンサルタントになって、今年で10年を迎えます。

これまで、すべてがうまくいったわけではありません。むしろ、うまくいかないことや、つらいことに立ち会うことのほうが多かったかもしれません。伝手を頼って相談に来てくださった経営者の力になれなかったことも多々あります。目の前で刀折れ矢尽き、武運拙く会社を閉めざるをえないケースも見てきました。もっと自分に力があればと嘆き、辞めてしまおうかなと思ったことも数知れません。

しかし、目の前のお客様に「ありがとう」と言われるたびに力をいただき、今日まで続けてくることができました。そして、苦楽を共にしたお客様とは、何でも相談し合えるパートナーのような関係になっています。

「幸せと感動をともに創造し、より良い社会を次の世代に引き継ぐ」

我が社の創業の精神です。この理念に賛同した仲間が一人、また一人と集まり、地域のお客様に提供できるサービスも増えてきました。集まったメンバーはさまざまなキャリアを持った利害を超えた仲間であり、家族のような存在です。この仲間と共に、さらに家族に誇れる職業に地域コンサルタントをしていきたいと思っています。

最後に、この取り組みは、決して我が社のスタッフのみで行なえることではありません。お客様をはじめ、地域の金融機関の担当者、支援機関の皆様方や関係機関、協業いただいている士業の皆様との信頼に基づく取り組みから生まれたものです。

創業間もない我が社に信頼を寄せ、会社の重要な意思決定の舞台に関わらせていただいた多くの企業経営者、その社員の皆様、本当にありがとうございます。

『日本でいちばん大切にしたい会社』著者の坂本光司先生には、この10年間、国内外の多くの企業を一緒に訪問し、示唆と学びをいただいたことは感謝の念に堪えません。法政大学大学院の小川孔輔先生にはマーケティングの原理原則を教えていただき、地域におけるコンサルタントのあり方を見出すことができました。また、島根県浜田市長の久保田章市先生には、大学院時代に「事業承継」という生涯のテーマをいただき、今日の実践につながっています。株式会社グライダーアソシエイツの杉本哲哉社長には、いつも会社運営についてエッジの効いたアドバイスをしていただき心から感謝いたします。

宇都宮出版会議で多くのアドバイスをいただいたサトーカメラ株式会社の佐藤勝人副社長、出版という大きなチャンスをくださった同文舘出版の古市達彦編集長、担当の戸井田歩様、いつも叱咤激励をありがとうございます。

引く手あまたのキャリアを持ちながら、明日をもわからない我が社に入社し、一緒に会社を創っていってくれているサクシードの仲間にはいつも感謝しています。お互い、これからもよりよい人生を歩んでいきましょう。

最後に、健康な体に産み育ててくれた父と母、祖母に感謝すると共に、いつも私の人生を支えてくれている妻の裕子、そして4人の子どもたちに「ありがとう」と伝えたいです。

この本を読まれた皆様が、自らのキャリアを活かし、地域に貢献していくことを願うと共に、いつの日かお会いできることを楽しみにしております。

株式会社サクシード 代表取締役　水沼啓幸

【参考文献】

・『日本でいちばん大切にしたい会社１～６』
坂本光司、あさ出版、2008年～2018年

・『人を大切にする経営学講義』
坂本光司、PHP研究所、2017年

・『さらば価格競争 非価格経営に取り組む21社の実践』
坂本光司＆坂本光司研究室、商業界、2016年

・『二代目が潰す会社、伸ばす会社（日経プレミアシリーズ）』
久保田章市、日本経済新聞出版社、2013年

【執筆協力】

株式会社火の魂カンパニー 代表取締役 野沢賢司様

有限会社存じやす 代表取締役 小林有一様

株式会社日商 代表取締役社長 関夫美様

ミンナのミカタぐるーぷ 代表 兼子文晴様

株式会社八下田陸運 代表取締役 八下田勝様

株式会社仲山商事 代表取締役社長 仲山貴士様

株式会社サクシード スタッフ

新井祐介、市川優、齊藤加居、押山健司、山田宗範、吉沢涼、水沼裕子、
佐々木香織、増﨑直子、髙久裕一、原口真紀、谷口佳奈子

著者略歴

水沼 啓幸（みずぬま ひろゆき）

中小企業診断士、株式会社サクシード代表取締役
1977年、栃木県真岡市生まれ。高崎経済大学卒業、法政大学大学院イノベーション・マネジメント研究科修了（MBA）。2010年、事業承継、財務、金融、IT分野に特化した中小企業支援コンサルティング会社「株式会社サクシード」を創業。財務のアウトソーシングサービスなどを中心に地域に密着した活動を展開、さまざまなキャリアの人材を集め、組織的なサービス提供を行なっている。現在、顧客は約100社にのぼり、年間約60社の新規地域企業から経営相談が寄せられ、これまでに約600社以上の企業支援の実績を有する。中でも事業承継支援においては多くの中小企業に関わり、経営者育成に携わる。主催するとちぎ経営人財塾においては既に86名の地域経営人財を輩出、それぞれが中核企業の人財として活躍している。とちぎ経営人財塾代表、人を大切にする経営学会団体会員、地域企業の社外取締役なども務める。著書に『売上1000万円を稼ぐ！「地域一番コンサルタント」になる方法』（同文館出版）、共著に『さらば価格競争』（坂本光司＆坂本光司研究室、商業界）。金融機関向け業界誌「近代セールス」での連載など執筆・寄稿も多数。
株式会社サクシード　https://succeed-biz.jp/

【お問い合わせ】contact@succeed-biz.jp

キャリアを活かす！
「地域一番コンサルタント」の成長戦略

2019年4月3日　初版発行

著　者 —— 水沼啓幸

発行者 —— 中島治久

発行所 —— 同文舘出版株式会社

東京都千代田区神田神保町1-41　〒101-0051
電話　営業03（3294）1801　編集03（3294）1802
振替00100-8-42935
http://www.dobunkan.co.jp/

ISBN978-4-495-54032-6
印刷／製本：萩原印刷
Printed in Japan 2019